**Carmen Orte
Lluís Ballester
Martí March**

Le Programme de compétences familiales: l'adaptation du SFP en Espagne

Carmen Orte
Lluís Ballester
Martí March

Le Programme de compétences familiales: l'adaptation du SFP en Espagne

Éditions universitaires européennes

Impressum / Mentions légales
Bibliografische Information der Deutschen Nationalbibliothek: Die Deutsche Nationalbibliothek verzeichnet diese Publikation in der Deutschen Nationalbibliografie; detaillierte bibliografische Daten sind im Internet über http://dnb.d-nb.de abrufbar.
Alle in diesem Buch genannten Marken und Produktnamen unterliegen warenzeichen-, marken- oder patentrechtlichem Schutz bzw. sind Warenzeichen oder eingetragene Warenzeichen der jeweiligen Inhaber. Die Wiedergabe von Marken, Produktnamen, Gebrauchsnamen, Handelsnamen, Warenbezeichnungen u.s.w. in diesem Werk berechtigt auch ohne besondere Kennzeichnung nicht zu der Annahme, dass solche Namen im Sinne der Warenzeichen- und Markenschutzgesetzgebung als frei zu betrachten wären und daher von jedermann benutzt werden dürften.

Information bibliographique publiée par la Deutsche Nationalbibliothek: La Deutsche Nationalbibliothek inscrit cette publication à la Deutsche Nationalbibliografie; des données bibliographiques détaillées sont disponibles sur internet à l'adresse http://dnb.d-nb.de.
Toutes marques et noms de produits mentionnés dans ce livre demeurent sous la protection des marques, des marques déposées et des brevets, et sont des marques ou des marques déposées de leurs détenteurs respectifs. L'utilisation des marques, noms de produits, noms communs, noms commerciaux, descriptions de produits, etc, même sans qu'ils soient mentionnés de façon particulière dans ce livre ne signifie en aucune façon que ces noms peuvent être utilisés sans restriction à l'égard de la législation pour la protection des marques et des marques déposées et pourraient donc être utilisés par quiconque.

Coverbild / Photo de couverture: www.ingimage.com

Verlag / Editeur:
Éditions universitaires européennes
ist ein Imprint der / est une marque déposée de
OmniScriptum GmbH & Co. KG
Heinrich-Böcking-Str. 6-8, 66121 Saarbrücken, Deutschland / Allemagne
Email: info@editions-ue.com

Herstellung: siehe letzte Seite /
Impression: voir la dernière page
ISBN: 978-3-8416-6845-5

Copyright / Droit d'auteur © 2015 OmniScriptum GmbH & Co. KG
Alle Rechte vorbehalten. / Tous droits réservés. Saarbrücken 2015

LE PROGRAMME DE COMPETENCES FAMILIALES: L'ADAPTATION DU STRENGHTENING FAMILY PROGRAM EN ESPAGNE

Orte, C., Ballester,L., March. M (coord)

TABLE DE MATIÈRES

1. **Les contraintes socio-économiques des programmes de parentalité positive: analyse des politiques familiales**.............. 4
Pascual, B.; Orte, C., Pozo, R.

1. **Le *Strengthening Families Program* en Europe**...................... 20
Orte, C., Amer, J.,Ballester, L.Vives, M.

1. **Le programme de compétences familiales: l'efficacité de l'approche familiale dans les programmes de prévention des dépendances à la drogue et l'alcool chez l'enfant**.................. 49
Gomila, Ma ; Orte, C. ; Ballester, L.

1. **Les programmes de Compétence Familiale dans les services de protection des mineurs de la communauté autonome des Îles Baléares**..... 87
Ballester, L., Orte, C. ; Oliver, J. L.

1. **Le transfert de la recherche par le biais du Programme de Compétences Familiales**... 104
March, M., Orte, C; Ballester, L., Vives, M.;

1. LES CONTRAINTES SOCIO-ÉCONOMIQUES DES PROGRAMMES DE PARENTALITÉ POSITIVE: ANALYSE DES POLITIQUES FAMILIALES[1]

Pascual, B.; Orte, C., Pozo, R.

Introduction

Le débat académique sur la famille et la parentalité a impliqué une reconnaissance politique de l'amélioration du bien-être des familles à partir des actions basées sur le modèle de parentalité positive. Dans ce travail, nous présentons une révision des recommandations de l'Union européenne en ce qui concerne le renforcement des familles et la promotion de la parentalité positive. En particulier, la Recommandation Rec (2006) 19 du Comité des Ministres aux États membres relative aux politiques de soutien à la parentalité positive propose des politiques et des mesures de soutien sous la forme de trois orientations:

- promotion d'un modèle de parentalité positive
- promotion de politiques sociales et accès aux droits en situation d'égalité des chances
- promotion de la coordination politico-administrative

Cette étude a débuté par une première recherche bibliographique et une analyse documentaire postérieure afin d'évaluer le niveau de convergence existant entre l'ensemble des mesures et les recommandations proposées. De cette analyse se dégagent deux réflexions concernant la situation espagnole.

---

[1] Ce travail de recherche a reçu l'aide de l'appel d'offres pour le soutien des groupes de recherche compétitifs en vertu de l'arrêté du ministre de la l'Éducation, de la Culture et des Universités du 16 décembre 2011, (Gouvernement des Îles Baléares – JO des Îles Baléares nº 3. 07-01-2012) et le cofinancement au titre des fonds européens FEDER.

En premier lieu, les devoirs d'une parentalité compétente incluent non seulement les aspects formatifs et compétentiels, mais aussi la couverture des besoins élémentaires tels que l'alimentation, l'hygiène, la santé et le logement (Cerezo, 2005) lesquels ne dépendent pas exclusivement de la volonté des personnes. Le niveau d'inégalité sociale, le modèle de l'État providence et ses politiques familiales ainsi que la densité du tissu social sont des facteurs qui influent directement sur le rôle éducatif des familles.

En second lieu, c'est le modèle positif de la parentalité cautionné par la UE qui oriente actuellement la recherche et l'intervention socio-éducative en Espagne, cependant les recommandations politico-administratives ne se reflètent pas dans les politiques sociales de référence, et encore moins du fait qu'elles dépendent d'un marché du travail fragmenté et plongé dans un contexte de crise qui continue malgré tout d'être l'axe autour duquel tournent les politiques sociales. Le développement académico-professionnel de l'intervention sociale et éducative auprès des familles a gagné en reconnaissance et en visibilité au sein des forums de recherche et d'échange scientifique internationaux arrivant à s'imposer dans les discours politiques sur les stratégies adéquates en vue de promouvoir le bien-être des familles. Cependant, ces mêmes politiques (qui partagent les principaux discours du débat académique international) n'assurent pas en Espagne les moyens nécessaires pour couvrir, financer, encourager et reconnaître ces stratégies. Dans ce retour en arrière, il se produit non seulement un blocage des politiques et des projets de promotion de la parentalité positive mais en plus la couverture des droits sociaux fondamentaux n'est pas assurée.

Cadre théorique

La fonction socio-éducative des familles est en partie déterminée par des facteurs ou des contraintes de l'environnement de type socio-économique et politique (Flaquer, 2004; Esping-Andersen, 2007). Les classes sociales, les liens communautaires, le système de l'État providence et ses politiques familiales, sont quelques uns des facteurs qui ont un impact sur le rôle éducatif de la famille. Par exemple, la différence de classe sociale définit certains modèles de socialisation et de types de relation famille-école (Collet et Tort, 2012).

Du point de vue des politiques d'assistance sociale, Esping-Andersen (2007) souligne la nécessité de l'investissement public dans le développement des enfants afin de garantir l'égalité interfamiliale c'est-à-dire entre familles de différentes classes sociales et intrafamiliale pour qu'il ne se produise pas d'inégalité de genre dans le couple en ce qui concerne l'accès au marché du travail ou la définition des stratégies professionnelles familiales.

Dans cette approche, l'Union européenne (UE) souligne que les administrations publiques jouent un rôle clé dans le soutien aux familles à travers trois composantes clés de la politique familiale, à savoir, les prestations publiques et les bénéfices fiscaux, les mesures pour concilier vie professionnelle et vie familiale, et la couverture des services d'accueil à l'enfance (Conseil de l'UE, 2006). En outre, dans la Recommandation du Comité des Ministres des États membres relative aux politiques visant à soutenir une parentalité positive (Conseil de l'UE, 2006), l'UE propose des politiques et des mesures de soutien à l'exercice de la parentalité.

Les principes de la parentalité positive

La parentalité s'exerce dans un environnement qui dépend principalement de trois aspects, à savoir, le contexte social, les besoins éducatifs des enfants et les capacités parentales (Cerezo, 2005). L'apprentissage positif se produit dans des contextes qui offrent les conditions minimales pour que

le mineur se sente en sécurité et développe ses habiletés à partir de l'expérience. Les principes de la parentalité positive destinés aux parents et recueillis dans les travaux empiriques et programmes développés dans le centre de parentalité et soutien à la famille de l'université de Queensland (Sanders, Markie-Dadds et Turner, 2003) sont les suivants:
- garantir un environnement sûr et attrayant dans lequel les enfants puissent explorer, expérimenter et développer leurs habiletés ;
- créer une ambiance d'apprentissage positive en étant disponible lorsque les enfants ont besoin d'aide, de surveillance et d'attention ;
- utiliser la discipline assertive en faisant preuve de cohérence et en agissant rapidement quand l'enfant se comporte de façon inadéquate ;
- avoir des attentes réalistes par rapport aux enfants et à soi-même en tant que père ou mère ;
- prendre soin de soi en tant que père ou mère en satisfaisant ses besoins personnels.

Il s'est produit dans les dernières années un développement considérable concernant les propositions d'intervention socio-éducative au sein des familles les familles et, parallèlement, une reconnaissance de leurs droits et de l'interrelation entre celles-ci et l'institution scolaire. Face à la vision hiérarchique qui réduisait le rôle de la famille à un second plan et considérait son incompétence comme étant la cause de l'échec, le modèle qui prédomine à partir des années 90 privilégie une vision où la famille apparaît comme complémentaire de l'institution scolaire. La "parent education approach" (Powell, 1991) défend une continuité de l'activité scolaire dans le cadre familial, sous tutelle des professeurs. L'école, consciente de l'importance de cette relation avec la famille, plaide pour un changement dans le modèle relationnel qui facilite la coopération et permette de travailler avec une plus grande variété de formes d'implication des familles. (Collet et Tort, 2012), et qui permette également d'établir des liens de soutien mutuel entre l'école, la famille et la communauté (Powell, 1991; Epstein, 2001).

L'établissement scolaire est conçu comme une communauté globale qui inclut les parents, les élèves et les enseignants en tant qu'agents interdépendants (Monceau, 2012) et ses concepts clés sont la confiance sociale (Henderson y Mapp, 2002) et la création de dynamiques de coopération. La participation des parents et les relations famille-école fonctionnent quand l'école y croit et s'implique activement dans la famille (Deslandes, 2010).

Les recommandations de l'Union européenne relatives à l'exercice positif de la parentalité

À partir de la Recommandation Rec (2006)19 de la UE sur la « parentalité positive », cette expression s'est popularisée. Les politiques et mesures proposées en matière de soutien à la parentalité devraient :

1. se fonder sur les droits, c'est-à-dire considérer les enfants et les parents comme titulaires de droits et soumis à des obligations;
2. reposer sur un choix volontaire des personnes intéressées, exception faite des cas où les autorités publiques doivent intervenir pour protéger l'enfant,
3. reconnaître aux parents la responsabilité principale de l'enfant et la respecter sous réserve de l'intérêt supérieur de ce dernier;
4. Associer les parents et les enfants, lorsque c'est approprié, à l'élaboration et à la mise en oeuvre des mesures les concernant;
5. promouvoir une implication égale des parents dans le respect de leur complémentarité;

6. garantir l'égalité des chances pour les enfants quel que soit leur sexe, leur statut, leurs aptitudes ou leur situation familiale;
7. prendre en compte l'importance d'un niveau de vie suffisant pour pouvoir exercer une parentalité positive;
8. se fonder sur un concept de parentalité positive clairement exprimé;
9. s'adresser aux parents et aux autres personnes ayant des responsablités sociales, sanitaires et éducatives vis-à-vis des enfants, et tenues également de respecter les principes de la parentalité positive;
10. prendre en compte les différents types de parentalité ou de situations parentales à travers une approche pluraliste;
11. adopter une approche positive du potentiel des parents, en particulier en favorisant les dispositifs incitatifs;
12. agir à long terme afin de garantir la stabilité et la continuité dans la mise en oeuvre des politiques;
13. garantir un minimum de règles de principe communes au niveau national ou fédéral pour assurer au niveau local des critères équivalents et un réseau suffisant de services permettant d'accéder aux mesures d'aide à la parentalité;
14. assurer une coopération interministérielle en suscitant et coordonnant dans ce domaine les actions des différents ministères, services et organismes concernés, afin de mettre en oeuvre une politique globale et cohérente;
15. faire l'objet d'une coordination sur le plan international en facilitant les échanges de connaissance, d'expériences et de bonnes pratiques en matière de parentalité positive.

Ces quinze recommandations portent sur trois domaines:
1. Promotion d'un modèle de parentalité positive (2-5, 8, 9, 11): il s'agit de recommandations concernant la nécessité d'appliquer les principes de

parentalité positive, la décision volontaire des familles par rapport à l'intervention, la protection des droits de l'enfant par rapport à la responsabilité parentale, la reconnaissance de l'autonomie et de la responsabilité des familles ainsi que le développement du travail en réseau.

2. Politiques sociales et accès aux droits en situation d'égalité des chances (1, 6, 7, 10): la UE considère comme nécessaire la protection des droits des familles et de l'enfance, principalement sur la base de la couverture des besoins élémentaires, en tenant compte de la diversité, en compensant les inégalités sociales (de classe sociale, d'ethnie et de genre) et en respectant les principes de base d'égalité des chances.

3. Coordination politico-administrative (12, 13, 14, 15): ces recommandations renvoient à la nécessité de formuler des politiques à long terme (qui permettent une continuité dans leur application), d'assurer un équilibre territorial et une coordination entre les administrations et de mettre en oeuvre des politiques sur le plan international (qui permettent l'échange de connaissances et de bonnes pratiques).

En ce qui concerne le premier niveau de recommandations, la Commission européenne explique la nécessité de promouvoir la parentalité positive en partant des principes suivants:

- considérer parents et enfants comme des sujets qui partagent de façon adéquate l'élaboration et l'implantation des mesures les concernant;
- reconnaître que les parents sont les principaux responsables de l'enfant sous réserve de l'intérêt supérieur de l'enfant;

- se baser sur le choix volontaire des personnes concernées, exception faite des cas où les autorités publiques seraient obligées d'intervenir pour protéger l'enfant;
- s'adresser aux parents et aux acteurs principaux qui assument des responsabilités sociales, sanitaires, éducatives en rapport avec les enfants et qui doivent également respecter les principes de la parentalité positive;
- adopter une approche positive vis-à-vis du potentiel des parents, en particulier en favorisant une politique incitative.

Trois réflexions se dégagent de l'analyse de ce premier niveau de recommandations:

Premièrement, nous considérons nécessaire de centrer les initiatives en matière de formation sur l'ensemble de la famille et de ne pas se focaliser de façon excessive sur les parents. Élargissant le défi de l'éducation parentale, nous considérons nécessaire d'adopter une approche basée sur l'éducation familiale (Bernal, Rivas et Urpí, 2012), le renforcement du concept de famille et les programmes d'amélioration des compétences familiales (Orte, Touza, Ballester et March, 2008) dans leur ensemble, ce qui implique par conséquent la promotion de la parentalité positive. D'après notre expérience, dans l'application d'un programme de compétence familiale à composantes multiples, les changements positifs, l'optimisation des facteurs de protection et la minimisation des facteurs de risque ont une plus grande portée et un impact plus important si nous l'appliquons non seulement aux parents mais à l'ensemble de la famille. Ces programmes permettent d'élargir notre champ de vision au-delà des carences de formation des parents, de manière à porter notre attention, dans une approche systémique et de dynamiques familiales, sur les aspects qui ont une répercussion directe sur l'éducation intégrale de tous les membres de la famille.

Deuxièmement, nous devons tenir compte du changement qui s'est opéré dans les attentes des parents en matière d'éducation, en particulier en ce qui se réfère au système éducatif et, en même temps, du changement dans le modèle de compréhension des réseaux de coopération entre l'école et la famille. La réalité sociale et familiale actuelle est complexe et nécessite des projets susceptibles de faciliter la collaboration avec les familles. C'est pourquoi le leadership de l'école dans le processus de développement de dynamiques de participation-collaboration avec la famille et la communauté est fondamental et il est nécessaire, par conséquent, d'assurer la formation des professionnels et de les doter des ressources suffisantes leur permettant de mettre en oeuvre ces initiatives (Monceau, 2012; Deslandes, 2010; Henderson et Mapp, 2002).

La rupture actuelle du consensus social sur l'éducation et les changements législatifs prévus ne facilitent pas la participation des familles à l'école. Le *Projet de loi organique pour l'amélioration de la qualité de l'éducation* -LOMCE- (MECD, 2013) restreint la capacité de décision des parents au sein des organes de gestion des établissements, réduisant cette capacité à celle de clients (plus grande liberté des parents dans le choix de l'établissement, financement de l'éducation des enfants représentant une charge plus importante). On s'éloigne ainsi d'un modèle de coopération et de participation des familles basé précisément sur une vision intégrale de la communauté éducative.

Troisièmement, et en ce qui concerne l'exercice responsable de la parentalité et l'autonomie des parents, il convient de tenir compte des aspects socio-économiques qui rendent actuellement l'exercice de la parentalité positive difficile. Les devoirs qui se rattachent à la fonction parentale incluent non seulement les aspects formatifs et compétentiels, mais aussi la couverture des besoins fondamentaux tels que l'alimentation, l'hygiène, la santé et le logement (Cerezo, 2005). Il nous semble que la disponibilité des parents quant à aux soins et à l'attention portée à leurs enfants, les attentes réalistes de leur part, le soin d'eux-mêmes en tant que parents, une prise en charge adéquate concernant leurs besoins éducatifs, etc. sont des éléments qui ne dépendent pas uniquement de la volonté des parents. C'est pourquoi la protection et la garantie des droits sociaux dans des conditions d'égalité ainsi que l'encouragement de politiques de soutien qui leur permettent de jouer un rôle plus actif dans le processus éducatif de leurs enfants s'avèrent indispensables.

En ce qui concerne le deuxième niveau de recommandations de la Commission européenne, qui a trait précisément aux politiques sociales et d'accès aux droits sociaux, nous exposons au tableau 1 ci-dessous les mesures spécifiques et les faiblesses en rapport avec ces politiques:

Tableau 1. Politiques sociales et accès aux droits de façon équitable

Recommandations	Points faibles
Droits des parents et des enfants	
Adopter un positionnement fondé sur les droits, c'est-à-dire considérer que les enfants et les parents ont à la fois des droits et des devoirs.	Enfants et parents en tant que titulaire de devoirs (et non pas de droits) Réduction des possibilités légales de participation des familles. Faible capacité de décision.
Égalité des chances	
Garantir l'égalité des chances des enfants indépendamment de leur genre, de leur statut, de leur capacité ou de la situation familiale.	Inégalités éducatives plus accentuées d'un point de vue territorial, inter-territorial et entre quartiers. Inégalités inter-familiales et intra-familiales ; fracture des classes sociales Moins de respect des droits de l'enfance
Niveau de vie : satisfaction des besoins fondamentaux	
Tenir compte de l'importance d'un niveau de vie suffisant pour renforcer la parentalité positive.	Meilleures politiques sociales et réduction de l'accès aux droits de façon équitable
Perspective de genre	
Participation égalitaire pères-mères Se fonder sur la participation égalitaire des	Effondrement des politiques de protection sociale et retour à des rôles traditionnels qui

pères et des mères, et respecter leur complémentarité.	chargent toute la responsabilité sur la « famille ».
Adaptation à la diversité	
Reconnaître les différents types d'exercice parental et les situations parentales par l'adoption d'un point de vue pluraliste.	Recul en matière de politiques d'éducation interculturelle en raison des coupes budgétaires et de l'amoindrissement des ressources humaines et matérielles.

Source : Conseil de l'Union européenne (2006) ; ministère de l'Enseignement, de la culture et des sports (2012) ; González-Bueno, G. ; Bello, A. ; Arias, M. (2013)

Le troisième niveau de recommandations de la Commission européenne porte sur les principes de cohérence institutionnelle. Le tableau 2 présente les faiblesses pouvant être associées à chacune des mesures proposées :

Tableau 2. Mesures en matière de coordination politique et administrative

Recommandations	Points faibles
Perspective à long terme : continuité des politiques	
Élaborer une perspective à long terme pour garantir la stabilité et la continuité de la politique.	Précarité des conditions professionnelles du professorat et des équipes d'orientation (éducatrice sociale/travailleur social ou psychologue, etc.). Réduction de la qualité du professorat
Équilibre territorial	
Garantir que les règles communes au niveau national ou fédéral aient un degré d'application minimum obligatoire pour encourager des niveaux équivalents au niveau local. Assurer l'existence de réseaux locaux de services qui apportent des mesures de soutien à la parentalité.	Nouvelles propositions législatives qui tendent à limiter les compétences municipales en matière d'éducation et de services sociaux.
Coordination entre les administrations	
Garantir la coopération interministérielle, en encourageant et en coordonnant les actions menées dans ce domaine par les différents ministères et organismes intéressés afin d'implanter une politique cohérente et inclusive.	Réduction de la qualité de vie et absence de coordination des politiques éducatives et sociales.
Coordination des politiques internationales : partenariat en matière de connaissances et de bonnes pratiques	
Les politiques doivent être coordonnées au plan international, à travers l'échange de connaissances, d'expériences et de bonnes pratiques dans l'application des directives sur l'exercice positif de la parentalité.	Manque de moyens pour la coordination entre les administrations et la coordination de politiques internationales permettant l'échange de connaissances et de bonnes pratiques.

Source : Conseil de l'Union européenne (2006) ; ministère de l'Enseignement, de la Culture et des Sports (2012) ; González-Bueno, G. ; Bello, A. ; Arias, M. (2013).

Malgré les difficultés associées au contexte socio-économique et politique, il s'est produit une revitalisation des mouvements sociaux, ce qui favorise la participation des citoyens. En résumé, les forces liées à ces mouvements sociaux sont les suivantes:
- capacité de réaction et d'adaptation des citoyens aux situations adverses;
- création de nouvelles stratégies "collectives" et "localistes" de résolution des conflits ou des problèmes sociaux;
- création d'espaces de participation communautaires "nouveaux" et plus créatifs;
- soutien des citoyens aux mouvements sociaux liés à l'éducation;
- changements relationnels: solidarité intergénérationnelle et de voisinage.
- utilisation des nouvelles technologies comme instrument de lutte sociale (avec des implications politiques et de contestation sociale);
- plus grande participation aux mouvements sociaux et éducatifs malgré les difficultés économiques.

Encourager la coopération famille-école et renforcer le rôle des politiques publiques

Lors des dernières années, les projets de travail avec les familles se sont largement développées, ainsi que la reconnaissance des droits des familles et la nécessité de leur interaction avec les institutions scolaires. Ce développement académique et professionnel a adopté un rythme constant et a obtenu une reconnaissance progressive qui s'est à son tour appliquée aux discours politiques sur les stratégies les plus adéquates pour l'encouragement du bien-être des familles. Cependant, ces politiques (qui adhèrent aux discours pédagogiques prédominants) ne garantissent pas les moyens nécessaires pour soutenir, financer, stimuler et reconnaître ces stratégies. Cette situation provoque non seulement un blocage des politiques de promotion éducative, de la recherche en matière d'éducation et de la promotion de projets de parentalité positive, mais aussi une absence de garantie de la protection des droits sociaux fondamentaux qui nous permettent de travailler sur d'autres droits, comme celui de l'éducation.

Les recommandations politico-administratives de l'UE ne sont pas appliquées dans les politiques sociales espagnoles, encore moins dans le contexte actuel d'un marché du travail fragmenté et touché de plein fouet par la crise. Le système traditionnel de protection sociale espagnol a délégué un haut degré de responsabilité aux familles et constitue la base de la relation des familles avec le marché du travail. Ce modèle s'appuyant sur la famille a tendance à charger les responsabilités sur la famille plus qu'à en promouvoir les droits, en détriment de la protection universelle des droits sociaux. Malgré les progrès atteints lors des dernières années dans le domaine des politiques sanitaires, sociales et éducatives, la protection de ces droits est en régression.

Dans le cadre de la famille actuelle, caractérisée par la pluralité des structures et des dynamiques, ainsi que la transformation des rôles familiaux, le partenariat entre la famille et l'école est indispensable. Selon Orte (2007), l'augmentation et l'amélioration de l'implication des familles requiert des programmes centrés sur les familles plutôt que sur les individus. Il convient de les responsabiliser sur les décisions qui les concernent en tant que famille et en tant que communauté et de leur permettre (et leur faciliter) de développer leurs propres capacités de prise de décision et de création de liens avec des interlocuteurs qui leur permettent d'améliorer leurs conditions de vie. Concrètement, cela implique la nécessité de créer des politiques et des projets qui encouragent leur participation active dans le processus éducatif de leurs enfants. Compte tenu des facteurs socio-économiques et politiques analysés, nous considérons que cette nécessité de participation active et d'ouverture des centres éducatifs à la communauté et aux familles peut être freiné par des législations qui ne respectent pas les recommandations institutionnelles. Avant tout, les politiques publiques doivent avoir une perspective globale. D'une part, par l'intermédiaire de politiques de soutien aux familles, qui leur garantissent la satisfaction de leurs besoins fondamentaux et qui leur permettent de jouer un rôle actif dans le processus éducatif de leurs enfants. D'autre part, dans le cadre de la communauté éducative, il est nécessaire d'encourager des projets visant à stimuler l'interaction avec les familles et notamment l'éducation familiale.

Références bibliographiques

Bernal, A., Rivas, S. y Urpí, C. (2012) *Educación familiar. Infancia y adolescencia*. Madrid: Pirámide.

Cerezo, M.A (1995). El impacto psicológico del maltrato: primera infancia y edad escolar. *Revista Infancia y Aprendizaje, 71*, 135-158.

Collet y Tort (coord.) (2012). *Famílies, escola i èxit. Millorar els vincles per millorar els resultats*. Barcelona: Fundació Jaume Bofill.

Consejo de la Unión Europea (2006) *Recomendación Rec (2006)19 del Comité de Ministros a los Estados Miembros sobre políticas de apoyo al ejercicio positivo de la parentalidad*. Disponible en:

http://www.msc.es/ssi/familiasInfancia/docs/recomendacion.pdf [último acceso: 7 de junio de 2013].

Deslandes, R. (2010). Le difficile équilibre entre la collaboration et l'adaptation dans les relations école-famille. En G. Pronovost y C Legault (dirs.). *Familles et réussite educative. Actes du 10èm symposium quebecois de recherche sur la famille.* Montreal: Presses Universitaires de Quebec.

Epstein, J. (2001). *School, family, and community partnerships: preparing educators and improving schools.* Boulder, Westview press.

Esping-Andersen, G. (2007) Un nuevo equilibrio de bienestar. Política y Sociedad, vol. 4, n. 2: 11-30

Flaquer, L. (2004) *La articulación entre familia y el Estado de bienestar en los países de la Europa del sur. Revista Papers 73, 27-58*

González-Bueno, G.; Bello, A.; Arias, M. (2013) *La infancia en España 2012-2013: El impacto de la crisis en los niños.* Madrid: UNICEF España.

Henderson, A. T. y Mapp, K.L. (2002). *A new wave of evidence. The impact of school, family and community. Connections on student achievement.* Texas, National Center for Family y Community connections with Schools.

Ministerio de Educación, Cultura y Deporte (2013) Proyecto de ley orgánica para la mejora de la calidad educativa (LOMCE). Disponible en:

http://www.mecd.gob.es/servicios-al-ciudadano-mecd/dms/mecd/servicios-al-ciudadano-mecd/participacion-publica/lomce/20121219-borrador-lomce.pdf. [último acceso: 7 de julio de 2013].

Ministerio de Educación, Cultura y Deporte (2012). *Panorama de la educación. Indicadores de la OCDE 2012. Informe español.* Madrid: Instituto Nacional de Evaluación Educativa.

Monceau, G. (2012) La complexitat de les implicacions dels pares a l'escola o per què la participació dels pares no millora necessàriament els resultats acadèmics dels nens. En Collet y Tort (coord.) *Famílies, escola i èxit. Millorar els vincles per millorar els resultats.* Barcelona: Fundació Jaume Bofill.

Orte, C. y March, M.X. (1996). *Pedagogía de la inadaptación social.* Valencia: Nau Libres.

Orte, C., Touza, C., Ballester, Ll. y March, M. (2008). Children of drug-dependent parents: prevention programme outcomes. *Educational Research*, 50, 3, 249-260.

Orte, M.C.; Fernández, C.; Pascual, B. (2007). La implicación de los agentes sociales en los programas de intervención socioeducativa con familias. Educación social, animación sociocultural y desarrollo comunitario.2, pp. 1075 - 1086. Ourense: SIPS.

Powell, D., (1991). How schools support families. Critical policy tensions. *The Elementary School Journal*, 91, 3.

Sanders, M., Markie-Dadds., Turner, K. (2003). Theoretical, Scientific and Clinical Foundations of the Triple-P Positive Parenting Program. A population approach to the promotion of parenting competence. *Parenting Research and Practice Monograph, núm. 1*. University of Queensland, Australia: Parenting and Family Support Centre.

2. LE *STRENGTHENING FAMILIES PROGRAM* EN EUROPE

Orte, C., Amer, J.,Ballester, L.Vives, M.

Introduction

Les processus de socialisation familiale sont essentiels pour le développement éducatif des enfants (Musitu et García, 2004). L'analyse de déroulement de ce processus nous renseigne sur la préparation des enfants en vue de leur insertion sociale (Collet et Tort, 2012). Différents rapports de l'Union européenne (Commission de l'UE, 2011a; Commission de l'UE, 2011b) et de l'Organisation de coopération et de développement économiques (OCDE, 2011) signalent l'importance du rôle parental et familial dans le développement relationnel et cognitif des enfants et ses conséquences.

D'après Bernal, Rivas et Urpí (2012), il faut distinguer dans l'éducation familiale trois scénarios différents: 1) l'éducation prodiguée au sein de la famille, aussi bien de façon explicite qu'implicite; 2) l'éducation visant au renforcement de la famille avec le support de professionnels qui font en sorte que la vie familiale soit le cadre d'apprentissages vitaux; et 3) l'intervention au sein même de la famille où les professionnels exercent le rôle de parents.

Les programmes de prévention familiale s'inscrivent dans le cadre du deuxième scénario c'est-à-dire celui du soutien professionnel en vue du renforcement de la famille. Nous entendons la prévention familiale au sens le plus large qui inclut les actions éducatives et de sensibilisation dans l'entourage familiale pour la prévention des dépendances (toxicomanie, tabagisme et alcoolisme), contre le risque de délinquance juvénile, ainsi que des actions dans les contextes d'exclusion sociale (UNODC, 2009).

Au cours des dernières années, il est apparu un nombre significatif d'adaptations culturelles européennes de programmes éducatifs nord-américains de prévention destinés aux familles (Foxcroft et Tsertsvadze 2011a; Foxcroft et Tsertsvadze, 2011b). Les actions de prévention dans le cadre de la famille, en utilisant celle-ci aussi bien comme contexte de l'action que comme objectif ou *target*, ont démontré être des actions préventives efficaces (UNODC, 2009). Il semble par ailleurs que le fait de travailler avec la famille toute entière et non seulement avec les parents, permette d'élargir la portée des changements positifs. (Orte, Touza, Ballester et March, 2008). L'avantage d'adopter des programmes déjà mis en place et fondés sur des preuves (*evidence-based programs*) comme les programmes nord-américains réside dans le fait que ceux-ci ont déjà été évalués et disposent de manuels, de ressources et de méthodologies (Burkhart, 2013) face aux inconvénients de concevoir un programme en partant de zéro.

Notre approche, dans cet article, est centrée sur le *Strengthening Families Program* (Kumpfer et DeMarsh, 1985; Molgaard, Kumpfer et Spoth, 1994), un programme au contenu cognitivo-émotionnel et qui se fonde sur les preuves. Ce programme met l'accent sur les critères de qualité dans le processus et sur l'évaluation (Kumpfer et DeMarsh, 1985). Son contenu est de type cognitivo-émotionnel parce que l'objectif est d'agir sur les habiletés sociales et personnelles des enfants et des parents en tenant compte également de la répercussion des comportements parentaux sur l'évolution psychologique et social des enfants (Orte, Ballester et March, 2013).

L'objectif de cet article est de décrire dans une approche qualitative les adaptations du programme nord-américain *Strengthening Families Program* qui fonctionnent actuellement dans divers pays européens. Recueillant les acquis de plusieurs processus d'adaptation, Kumpfer, Xie et O'Driscoll (2012) définissent les aspects dont l'on doit tenir compte pour une adaptation culturelle réussie:

1. langage familier, exemples et aspects du langage culturellement significatifs;
2. comportements et normes culturellement acceptés;
3. définition des comportements non désirables;
4. processus de mise en oeuvre adaptés aux contextes.

Nous expliquons les différentes applications de ce programme en Europe dans le but de pouvoir les comparer entre elles pour détecter les principales contributions originales et innovantes dans chacun des cas. Vient ensuite une discussion sur l'adéquation des adaptations culturelles destinées aux familles européennes d'un programme conçu à l'origine pour les familles nord-américaines. Tout cela s'inscrit dans le cadre d'un objectif plus général qui consiste à apporter des éléments de jugement critique en vue d'orienter d'éventuelles politiques d'action ou de travail socio-éducatif qui se proposent d'adopter des *evidence-based programs*.

Ce programme nous intéresse en raison du grand nombre d'adaptations culturelles trouvées en Europe et parce qu'il est considéré comme un programme modèle de prévention familiale dans le classement effectué par l'agence publique nord-américaine *Substance Abuse and Mental Health Services Administration* (SAMHSA) (www.samsha.gov). Parmi les critères de qualité de ladite agence, il est tenu compte de la fidélité dans l'intervention, de l'évaluation du processus, des mesures de résultat concernant les changements de comportement et de la validité des procédés de mesure. À partir de l'analyse des adaptations culturelles étudiées, nous avons relevé les aspects les plus caractéristiques de chacune d'entre elles ainsi que les aspects relatifs au processus d'adaptation et à la fidélité pouvant être les plus utiles pour d'autres adaptations éventuelles.

En ce qui concerne la méthodologie, l'article a été élaboré à partir de la consultation de la bibliographie internationale, de l'exploitation et du vidage du contenu de la base de données européenne EDDRA et des bases de données académiques ISI Web of Knowledge, SCOPUS, CINAHL, PsycINFO et PubMed.

Le *Strengthening Families Program* (SFP)

Le *Strengthening Families Program* (SFP) (Kumpfer et DeMarsh, 1985; Kumpfer, DeMarsh et Child, 1989) est un programme de prévention de facteurs de risque multicomposant de type sélectif ou universel (version Iowa SFP 10-14, Molgaard et al., 1994) qui a été développé pour réduire l'influence des facteurs de risque familiaux chez les enfants des personnes toxicomanes et renforcer en même temps les facteurs de protection, dans le but d'augmenter leur résilience face à la consommation de drogue et autres problèmes éventuels.

Le *Strengthening Families Program* se compose d'un parcours structuré et centré sur la famille, de 14 semaines (7 pour la version Iowa), qui se déroule au rythme d'une session hebdomadaire de 2 ou 3 heures et qui inclut trois programmes, les deux premiers étant d'application simultanée: a) un programme de formation aux habiletés parentales; b) un programme de formation aux habiletés des enfants et c) un programme conjoint de formation de la famille. Ce programme s'applique à des groupes composés de 4 à 14 familles (www.strengtheningfamiliesprogram.org). Suivant l'âge des enfants, le SFP sélectif dispose de trois versions: le SFP 3-5, le SFP 6-

11 et le SFP 12-16.

En ce qui concerne le Iowa SFP10-14, les principales différences avec le format original du SFP résident dans la durée du programme (7 semaines au lieu de 14), le contexte principalement scolaire dans lequel il est appliqué et l'âge des personnes concernées (de 10 à 14 ans). À ceci il faut ajouter que le programme original est destiné à des familles en situation de haut risque social ou de consommation de drogues (programme sélectif) alors que le SFP-IOWA s'adresse à tous types de familles (programme universel).

D'après Kumpfer et DeMarsh (1985), les objectifs spécifiques du programme consistent à améliorer le degré d'implication et de communication familial, les relations parents-enfants, l'organisation et la cohésion familiale ainsi que l'exercice de la supervision parentale. En ce qui concerne les enfants, l'objectif est de susciter des changements positifs dans leurs habiletés sociales et adaptatives ainsi que dans leurs capacités relationnelles et communicatives ainsi que dans leur capacité de concentration.

Les formateurs reçoivent, avant la mise en oeuvre du programme, une formation préalable qui a pour but de mettre à leur disposition les connaissances et les stratégies de l'intervention familiale propres au programme.

Il existe, à travers le continent européen, diverses expériences d'adaptation du *Strengthening Families Program*, aussi bien dans sa version originale (Kumpfer, De Marsh & Child, 1989; www.strengtheningfamiliesprogram.org) que dans la version suivante SFP-IOWA (http://www.extension.iastate.edu/sfp/).

Tableau 1. Structure des séances du programme SFP- version originale

Semaine	Séances avec les parents	Séances avec les enfants	Séances parents- enfants
1	Introduction et formation du groupe	Salutations et règles	Introduction et formation du groupe
2	Attentes vis-à-vis du développement et de la gestion du stress	Habiletés sociales I: capacité d'écoute active	Le Jeu des Enfants
3	Récompenses	Habiletés sociales II: habiletés conversationnelles	Le Jeu des Enfants: récompenses
4	Buts et objectifs	Apprendre les bons comportements	Buts et objectifs
5	Attention différentielle : prêter attention et ignorer	Comment dire « non » pour se tenir à l'écart des problèmes	Attention différentielle
6	Communication I: améliorer les relations	Communication I: meilleures relations	Communication I: introduction au jeu en famille
7	Communication II: Réunions familiales	Communication II: Réunions familiales	Communication II: consolidation du jeu en famille
8	Drogues et famille: facteurs de risque	Alcool et drogues	Apprendre des parents
9	Résoudre des problèmes et donner des instructions	Résoudre des problèmes	Résoudre des problèmes et donner des instructions
10	Poser des limites I: redresser les mauvais comportements	Introduction au jeu des parents	Le Jeu des Parents I
11	Poser des limites III: pratiquer	Habiletés de *coping* I: reconnaître des sentiments	Le Jeu des Parents II
12	Poser des limites III: résoudre des problèmes de	Habiletés de *coping* II: gérer les critiques	Le Jeu des Parents III

	comportement		
13	Élaborer et utiliser des programmes comportementaux	Habiletés de *coping* III faire face à une personne en colère	Se rappeler ce qui nous aide et pourquoi
14	Parvenir à un bon comportement et le conserver	Remise des certificats, ressources et bilan	Fin du programme et fête de remise des certificats

Source.: Kumpfer et DeMarsh (1985)

Tableau 2. Structure des séances du programme SFP-versión IOWA (10-14)

Semaine	Séances avec les parents	Séances avec les enfants	Séances parents-enfants
1	Amour et limites	Avoir des objectifs et des rêves	Appuyer les objectifs et les rêves
2	Établir les règles de vie à la maison	Apprécier les parents	Apprécier les membres de la famille
3	Promouvoir les bons comportements	Gérer le stress	Utiliser les rencontres familiales
4	Utiliser / Tirer les conséquences	Respecter les normes	Comprendre les valeurs familiales
5	Construire des ponts	Gérer la pression des amis I	Établir une communication familiale
6	Protéger contre l'abus de drogues	Gérer la pression des amis II	Atteindre nos objectifs
7	Les ressources communautaires	Communiquer avec les autres	Bilan et remise de certificats

Source : Molgaard, Kumpfer et Spoth (1994)

Les adaptations culturelles du *Strengthening Families Program* en Europe

Il est utile d'explorer les différentes adaptations pour savoir comment ce programme a été implanté et évalué dans les différents contextes et cultures européennes (Kumpfer, Pinyuchon, Teixeira et Whiteside, 2008; Kumpfer, Xie et O'Driscoll, 2012). C'est ainsi que nous décrivons les adaptations concernant le Royaume-Uni, l'Irlande, la Pologne, l'Italie, la Suède, l'Allemagne, la Grèce, la Hollande et nous donnons deux exemples concernant l'Espagne. Afin d'analyser ces adaptations, nous comparons d'abord les adaptations du IOWA-SFP 10-14 qui sont les plus nombreuses puis nous nous occupons ensuite à d'autres adaptations comme SFP12-16 en Irlande ou SFP6-11 en Espagne. La description de chaque programme est structurée comme suit: destinataires, objectifs, contenus, mise en oeuvre, conception de l'évaluation et résultats. Pour ce qui est des Iowa-SFP10-14, ce sont tous des programmes de prévention universelle, c'est-à-dire qui s'adressent à l'ensemble de la population, leur implantation ayant lieu, comme dans le cas du programme original, dans le cadre scolaire et les destinataires sont des jeunes entre 10 et 14 ans et leurs familles. Par contre, le SFP12-16 (Irlande) et le SFP6-11 (Programme de compétence familiale, Espagne) sont des programmes de prévention sélective s'adressant à des collectifs spécifiques et mis en oeuvre principalement dans le contexte des services sociaux. S'agissant de programmes adaptés et implantés récemment, nous ne disposons pas encore pour certains d'entre eux de l'information concernant la taille des effets du fait que l'analyse des résultats se trouve en cours de traitement. Dans certains programmes, la conception de l'évaluation fait référence non pas à l'implantation de celui-ci mais à son adaptation culturelle, du fait que certaines versions, comme dans le cas de l'Italie, n'ont pas encore dépassé la phase d'adaptation culturelle et il n'est pas précisé si le programme a été appliqué au delà de cette phase. Finalement, ces programmes, dont on connaît l'existence mais au sujet desquels on ne dispose pas de l'information suffisante –cas de la Grèce et de la Hollande–, sont mentionnés au dernier alinéa.

My Strong Family (Royaume-Uni)

Le programme *My Strong Family* du Royaume-Uni est l'adaptation culturelle britannique du programme *Strengthening Families Program* dans sa version Iowa (SFP10-14 Iowa) (Molgaard et al., 1994) et elle est réalisée par l'université d'Oxford Brookes (Allen, Coombes et Foxcroft, 2008; Coombes, Allen, Marsh et Foxcroft, 2009; http://mystrongfamily.org/). En ce qui concerne les destinataires, il s'agit d'un programme de prévention universelle s'adressant à des familles ayant des enfants entre 10 et 14 ans et qui se déroule en milieu scolaire. Les objectifs à long terme sont la réduction de la consommation de drogues et d'alcool ainsi que la réduction des problèmes de comportement durant l'adolescence. Pour atteindre ces objectifs, l'accent est mis sur l'amélioration des habiletés parentales liées au soin des enfants et sur l'amélioration des compétences sociales et personnelles des enfants (http://mystrongfamily.org/).

En ce qui concerne les contenus, l'adaptation culturelle du programme SFP 10-14 s'est faite à travers plusieurs étapes (Allen et al. 2008), à savoir,

1) Adaptation des matériels : des professionnels et des participants britanniques à l'implantation du programme nord-américain original ont donné leur opinion sur les matériels.

2) Modulation des matériels révisés : des groupes de discussion ont été organisés avec des parents et des enfants dans quatre endroits différents du Royaume-Uni afin qu'ils donnent leur avis sur les matériels révisés (21 parents et 16 jeunes).

3) Étude pilote réalisée dans trois localités différentes (et avec des groupes de comparaison): 23 parents et 24 adolescents ont participé au programme et 24 parents et 22 adolescents ont fait partie des groupes de contrôle.

Les principales adaptations des matériels se réfèrent au langage utilisé, au réalisme des situations proposées, à l'acceptabilité des jeux et des exercices, à la représentation ethnique et la manière dont est présentée la religiosité.

En ce qui concerne l'implantation du programme, les acteurs qui y participent sont l'université d'Oxford Brookes et les services locaux de soins de santé de différentes villes britanniques possédant un taux élevé de familles en difficulté sociale. Quant à la conception de l'évaluation, face aux difficultés d'aléatorisation, ils optent pour la conception quasi-expérimentale (Coombes, Allen et Foxcroft, 2012) et des pré-tests et post-tests sont effectués sur la base de questionnaires propres au programme: *the SFP 10-14 Parent/Caregiver Survey Questionnaire, the SFP 10-14 Young Persons' Survey Questionnaire* et *the Strengths and Difficulties Questionnaire*.

Concernant les résultats, les parents renseignent sur les progrès se rapportant à leurs habiletés de communication, gestion des émotions et attitudes proactives, quant aux enfants, ils renseignent sur les progrès réalisés en matière de communication, gestion des émotions et diminution dans la consommation de substances psychoactives. En ce qui concerne la taille des effets, dans le cas d'une implantation dans la ville de Barnsley (Coombes et al., 2009), il est apparu que, pour ce qui est des parents, l'échelle de difficultés et celle des symptômes émotionnels étaient significativement plus petites à la fin du programme (Wicoxon $z = -2.538$, p = 0.018 et Wicoxon z = −2.578, p = 0.010, respectivemente) et, concernant les enfants, l'échelle de difficultés était significativement plus petite à la fin du programme (Wicoxon z = −1.740, p = 0.082).

Project SFP Cymru (Pays de Galles, Royaume-Uni)
Segrott et al. (2012) mettent en place au Pays de Galles une adaptation britannique du SFP10-14 Iowa (*My Strong Family*, section précédente). Le programme *SFP Cymru* est particulièrement intéressant, tout d'abord, en raison de son mode inter-agence ou de travail en réseau lors du processus d'application ; et deuxièmement, en raison du caractère aléatoire des familles participant au programme. Concernant les destinataires, le *SFP Cymru* associe la prévention sélective et la prévention universelle car il est appliqué sur 70 % de familles issues de la population générale et sur 30 % de familles aux besoins spécifiques (Segrott et al., 2012).

En ce qui concerne les objectifs, le programme vise à prévenir l'abus de substances parmi les jeunes, grâce à un travail sur les facteurs de risque et de protection en rapport avec les familles, ainsi que sur les compétences parentales ou le renforcement de la communication et des liens émotionnels entre parents et enfants.

Concernant le processus de mise en place, la dimension inter-agence interactive entre les différents organismes est travaillée afin de pouvoir appliquer le programme. Segrott (2008) affirme que le programme a établi d'étroites relations avec des spécialistes de l'enseignement, de la parentalité et du bien-être des enfants. Selon l'auteur, l'implication de personnes d'environnements différents a eu des répercussions positives sur la qualité du programme, et a permis de renforcer le travail en commun grâce aux relations resserrées entre des professionnels du domaine des addictions et des professionnels du domaine de la famille, de la jeunesse et de la parentalité (Segrott, 2008).

Au sujet de l'évaluation, celle-ci comprend un test préalable et postérieur à l'application, puis un nouveau test deux ans après le programme (analyse longitudinale) soumis aux parents et aux enfants. Les questionnaires d'évaluation du programme sont les mêmes que pour le programme *My Strong Family*: *Parents/Caregivers Survey Questionnaire (PCSQ)* et *Young Persons' Survey Questionnaire (YPSQ)*. Une évaluation sur le déroulement des séances est également proposée aux familles participantes à la fin de chaque séance. Les parents doivent répondre à un entretien téléphonique 9 et 15 mois après. Cet entretien aborde des aspects de la vie familiale et le type de services de soutien utilisés par la famille.

Segrott et al. (2012) énumèrent les difficultés suivantes pour que l'application du programme ait un caractère aléatoire :

- Des organismes ou des communes abandonnent le projet lorsqu'on les désigne exclusivement en tant que groupe de contrôle ou de comparaison.
- Il existe des difficultés pour recruter des familles issues de la population générale (des familles qui travailleront en collaboration avec les familles suivies par des services sociaux).

Concernant les résultats, Segrott (2008) indique que les familles qui participent au programme obtiennent des bénéfices importants : un meilleur fonctionnement interne, une meilleure communication et compréhension entre les parents et les enfants, et un renforcement des compétences parentales. Les enfants, ajoute Segrott (2008), améliorent leur résistance à la pression du groupe de semblables, gèrent mieux le stress et parviennent mieux à établir des objectifs.

Enfin, à partir de l'analyse des programmes mis en place au pays de Galles, Segrott et al. (2012) apporte des propositions en rapport avec le travail avec les participants ou les personnes impliquées dans le projet et avec la sensibilisation au sujet de l'importance du caractère aléatoire de l'échantillon :

- Responsabiliser les équipes chargées de l'application du programme dès que possible sur l'importance du caractère aléatoire de l'échantillon.
- Reconnaître les éventuels conflits d'intérêts entre les équipes d'application et l'équipe de recherche.
- Faire en sorte que les formateurs des équipes chargées de l'application insistent lors de la formation sur l'importance du caractère aléatoire.
- Consacrer du temps à sensibiliser et à communiquer avec les formateurs et les personnes responsables de l'application sur l'importance du caractère aléatoire de l'échantillon.

Program Wzmacniania Rodziny (Pologne). Une adaptation culturelle du SFP-Iowa 10-14 au-delà du contexte anglo-saxon

Le *Program Wzmacniania Rodziny* est l'adaptation polonaise du SFP-Iowa 10-14 (Okulicz-Kozaryn & Foxcroft, 2012). Les destinataires sont des enfants de 10 à 14 ans et leur famille. Le contexte est mixte, avec la participation d'écoles et de services sociaux. L'application de ce programme est récente (2010), et il se trouve actuellement en phase d'évaluation. Si son efficacité était démontrée, il constituerait, selon Okulicz-Kozaryn &

Foxcroft (2012), un exemple d'adaptation efficace du SFP-Iowa au-delà du contexte anglo-saxon, et le premier programme au caractère aléatoire et non selon le mode quasi-expérimental.

Ses objectifs sont conformes aux objectifs originaux de l'Iowa SFP 10-14 : la prévention de l'abus de substances et la prévention de problèmes à l'adolescence, ainsi que la promotion de pratiques parentales et de relations parents-enfants positives. Les contenus sont les mêmes que la version originale d'Iowa, de même que la structure et la temporalisation.

Concernant l'application, le recrutement est réalisé par le biais de travailleurs communautaires, de services sociaux, d'écoles, de contacts personnels et de diffusion par des brochures (Okulicz-Kozaryn & Foxcroft, 2012).

Pour l'évaluation, les responsables de la mise en place sélectionnent un échantillon aléatoire avec des groupes d'application (N = 600 familles) et des groupes de contrôles dans différents endroits en Pologne. Les familles sont évaluées au début, après 12 mois et après 24 mois. Au départ, du matériel d'information sur les familles est remis aux groupes de contrôle. Après 24 mois, on leur offre la possibilité de participer au programme. Les personnes chargées d'effectuer le suivi des évaluations ne sont pas les formateurs. L'évaluation est réalisée grâce à des instruments validés concernant la consommation d'alcool et d'autres substances, et concernant les relations familiales. Ces instruments évaluent la qualité affective des relations parents-enfants, les comportements agressifs, la cohésion familiale, le soutien et la supervision parentale, la vie familiale, les résultats scolaires, entre autres. Les résultats, en cours d'analyse, ne sont pas encore disponibles.

SFP 10-14-Italie. Une adaptation culturelle dans un contexte social marqué par la centralité des familles

Ortega, Giannotta, Latina et Ciairano (2012) décrivent l'adaptation culturelle du programme SFP 10-14 en Italie. Il s'agit d'un contexte présentant un intérêt spécial en raison de la centralité de la famille dans le tissu social et parce qu'il n'existe au sein de la population aucune expérience en termes de programmes de prévention familiale (Ortega et al., 2012). Le programme est mis en oeuvre dans le cadre des établissements scolaires et des associations communautaires. Son objectif est la réduction des comportements à risque chez les adolescents (objectif qui s'aligne sur celui du programme original). Quant aux contenus, le processus d'adaptation a consisté en une étude pré-pilote avec un groupe de discussion (et matériels traduits) et une étude pilote. D'après Ortega et al. (2012), l'adaptation italienne fait en sorte d'introduire le minimum de changements possibles. Ces changements découlent des divergences entre les objectifs du programme et la compréhension culturelle de certaines composantes du programme. La fidélité, d'après Ortega et al. (2012), consiste à adapter culturellement le programme sans en modifier la durée, ni couper des séances, ni changer les thèmes. Dans l'adaptation italienne, de légers changements ont été introduits dans les temps et dans la façon de présenter certains contenus afin d'en assurer la bonne compréhension. Néanmoins, les familles participant à l'étude pilote considèrent le langage du programme trop direct et ne partagent pas les messages/conclusions de fin de séances car ils trouvent ces messages trop dirigistes. Ils affichent une interprétation culturelle différente vis-à-vis des restrictions concernant la consommation d'alcool.

Pour ce qui est de la mise en oeuvre du programme, d'après Ortega et al. (2012), des difficultés sont apparues par rapport au recrutement des familles, et ce, pour deux raisons principales: la première raison découlant de la structure familiale italienne, à la fois nucléaire et étendue, qui règle ses conflits au sein même de la famille et n'a recours à l'aide extérieure qu'en dernière solution (Ortega et al., 2012); la deuxième raison étant l'emploi du temps des enfants, très chargé en raison des activités périscolaires et leur laissant donc très peu de temps pour participer au programme (Ortega et al., 2012). Quant à la conception de l'évaluation, les familles se montrent très peu disposées à participer aux pré et post-tests .

En ce qui concerne les résultats, ceux-ci font référence à la phase d'adaptation culturelle. Cette adaptation culturelle conserve des liens importants avec la version originale, c'est pourquoi les auteurs de cette adaptation considèrent qu'il conviendrait de mettre en oeuvre une deuxième adaptation incorporant de manière primordiale les valeurs, les croyances et le style de vie des italiens.

SFP10-14 Suède. Une adaptation affichant des divergences avec le programme original.

Dans le cas de la Suède, l'objectif de cette adaptation est la prévention de l'abus de substances toxiques en optimisant les facteurs de protection et minimisant les facteurs de risque.

Par rapport aux contenus, le format du programme est différent, au lieu d'une séance familiale par semaine, la version suédoise n'en réalise que deux durant tout le programme. L'accent est mis sur l'alcool et les drogues avec une séance de plus. Les séances consacrées aux enfants et celles consacrées aux parents ne se déroulent pas de façon parallèle (Skärstrand, Larsson et Andréasson, 2008). Finalement et concernant les thèmes disciplinaires, le vocabulaire est modifié, faisant place à un vocabulaire plus modéré (Skärstrand et al., 2008). Kumpfer et al. (2012) contestent l'adaptation culturelle suédoise du fait que les aspects structurels y sont modifiés: les séances dédiées aux enfants peuvent compter jusqu'à 28 participants et elles n'ont pas lieu en même temps que celles des parents, le nombre des séances familiales a été réduit et il n'y a pas d'incitation au changement de comportement.

En ce qui concerne la mise en oeuvre du programme, les formateurs sont les professeurs des enfants eux-mêmes, quant à ceux des parents, ce sont des professeurs à la retraite. Ne sont pas inclus dans le programme des aspects comme les repas, la garde des enfants en bas âge pour permettre aux parents d'assister aux séances ni les mesures d'incitation à l'assistance ou au changement de comportement.

Quant à l'évaluation, elle a lieu à deux moments distincts : à mi-parcours du programme et à la fin. Elle renferme des questions sur l'évaluation du programme, les bénéfices résultant de la participation audit programme et l'intention de le recommander à d'autres parents. Concernant les résultats, 74% des parents considèrent le programme comme bon ou très bon et 65% manifestent que leur participation a été positive pour eux.

Familien stärken (Allemagne)

L'adaptation allemande du SFP 10-14 version Iowa est le programme *Familien stärken* (www.familien-staerken.info). Les destinataires du programme sont des familles de bas niveau socio-économique issues des quartiers vulnérables de cinq villes allemandes (Hambourg, Hanovre, Schwerin, Rostock et Munich) et les objectifs s'alignent sur ceux du programme original.

En ce qui concerne les contenus, dans cette adaptation au contexte allemand, d'après Stolle, Stappenbeck, Wendell et Thomasius (2011), il est tenu compte des aspects suivants:

1) la structure sociale et familiale de ce pays et la provenance des immigrants;
2) les aspects langagiers de la traduction en allemand tels que le langage familier et le langage non verbal;
3) les normes culturelles concernant les comportements des parents et des enfants ainsi que la définition des problèmes;
4) l'incorporation adéquate aux conditions du système local des services sociaux allemands

Pour ce qui a trait aux normes culturelles régissant les relations familiales, d'après Stolle et al. (2011), les experts impliqués dans le processus d'adaptation allemand critiquent l'attitude "moralisatrice" du programme américain par rapport aux problèmes de la jeunesse et le fait que l'obéissance soit présentée comme une condition nécessaire. Ces experts soulignent qu'il n'est pas tenu compte du fait que la désobéissance est une façon pour les jeunes de cet âge d'affirmer leur identité (Stolle et al., 2011). Ils ne sont pas d'accord non plus sur les stéréotypes dans la distribution des responsabilités au sein du foyer familial. Les vidéos réalisées pour l'adaptation allemande tendent à une représentation plus adéquate des familles allemandes et de leur environnement urbain.

En ce qui concerne la mise en oeuvre du programme, nous disposons uniquement pour l'instant d'informations sur le processus d'adaptation culturelle. Des groupes de discussion ont été mis en place pour présenter les matériels originaux à des experts en prévention de l'usage de drogues (éducateurs sociaux des centres de soutien aux familles et des centres d'aide à la jeunesse), d'une part, et à des parents recrutés dans les centres de soutien aux familles d'autre part.

Concernant l'évaluation, la conception de l'étude est aléatorisée, avec des groupes contrôle et une analyse longitudinale au terme de 6, 12 et 24 mois après la mise en oeuvre du programme. Quant aux résultats, le programme a été mis en oeuvre et évalué pour la première fois entre 2010 et 2013 (Stolle et al., 2011).

"Familias que funcionan" Iowa-SFP10-14 (Espagne)
En Asturies (Errasti, Al-Halabí, Secades, Fernández-Hermida, Carballo et García-Rodríguez., 2009), le programme "Familles qui fonctionnent bien" (FqF) est une adaptation du SFP-Iowa 10-14. Il vise principalement la prévention de la consommation de drogues et les destinataires sont les élèves des différents établissements d'enseignement secondaire et leurs familles. En ce qui concerne les contenus, l'adaptation culturelle a consisté à modifier les exemples, jeux et activités, suivant les critères d'un groupe de juges experts, et à soumettre ensuite les matériels écrits et les DVD adaptés à des groupes de discussion. Quant au processus de mise en oeuvre, il consiste à effectuer un recrutement au sein des établissements scolaires et fixer un jour pour les réunions conventionnelles dédiées aux séances.

Quant à l'évaluation, celle-ci consiste à évaluer la consommation de drogues à travers les différents éléments du Plan national contre les drogues (Errasti et al., 2009) et les facteurs de risque au niveau de la famille grâce à l'échelle de facteurs de risques familiaux élaborée par Errasti et autres. Un suivi ou analyse longitudinale est effectué sur un ou deux ans. Pour ce qui est des résultats, les auteurs concluent que l'assistance continue aux séances du FqF s'avère efficace pour freiner l'augmentation enregistrée durant l'adolescence dans la consommation de tabac, d'alcool et autres drogues (Errasti et al., 2009).

SFP12-16 Irlande. L'importance des processus inter-agences
Le programme SFP dans sa version originale (Kumpfer et al., 1989) a été culturellement adapté au contexte de l'Irlande (SFP12-16) (Kumpfer, Xie et O'Driscoll, 2012). L'objectif du programme irlandais s'inscrit dans le cadre d'un objectif plus général consistant à concevoir, au niveau national, une stratégie englobant la prévention de l'abus de substances toxiques et celle de la délinquance juvénile. Quant aux destinataires, il s'agit d'un programme de prévention de type sélectif s'adressant aux familles ayant des enfants âgés de 12 à 16 ans et mis en oeuvre dans le contexte des services sociaux, avec des familles de niveaux socio-économiques différents et vivant en milieu rural et urbain.

Pour ce qui est des contenus et de leur adaptation culturelle, une équipe de professionnels du domaine de la santé et du domaine communautaire proposent d'apporter quelques modifications mineures aux contenus originaux avant la mise en oeuvre du programme. La structure des contenus, des séances et des activités à réaliser à la maison reste, quant à elle, inchangée.

En ce qui concerne l'implantation du programme, les processus inter-agences sont primordiaux pour un bon fonctionnement de l'application. Selon Kumpfer et al. (2012), l'un des principaux défis était le nombre de personnes nécessaires pour l'application. Par ailleurs, toujours selon eux, la problématique concernant enfants et adolescents nécessite l'implication de plusieurs agences. C'est pourquoi les personnes chargées de la mise en oeuvre du programme ont opté pour un modèle de collaboration inter-agences comme étant la solution la plus efficace pour mener à bien l'application. Ce modèle de collaboration a permis d'impliquer des agents institutionnels, des entités communautaires et des bénévoles, et il a permis de trouver des solutions en ce qui concerne le recrutement de familles et de formateurs dans des communautés rurales où trouver cinq professionnels qualifiés pour l'implantation (à savoir, un coordinateur de l'application, deux formateurs pour les parents et deux formateurs pour les enfants) peut s'avérer difficile (Kumpfer et al., 2012).

Pour ce qui est de la conception de l'évaluation, il s'agit d'une conception quasi- expérimentale avec pré et post-test et groupe de contrôle. L'évaluation du processus est réalisée à travers le "SFP Retrospective Parent Pre- and Post-test Questionnaire" qui s'inspire des mesures recommandées par le National Institute of Drug Abuse (NIDA) nord-américain. L'évaluation des résultats inclut les instruments suivants : *Parenting Scale* (Kumpfer, 1984), *Family Environment Scale* (Moos, 1974), *The Family Strengths and Resilience Assessment* (Kumpfer et Dunst, 1997), *The Parent Observations of Child Activities (POCA) scale* (Kellam, 1972), Social Skills Scale (Gresham et Elliott, 1990), *The Parent Alcohol, Tobacco and Illicit Drug Use Scale* (issue du *Government Results Performance Assessment* du gouvernement nord-américain). Pour ce qui est des résultats, la taille de l'effet dans le cas des familles est plus forte en Irlande qu'aux États-Unis (d = 0.57 vs. 0.48 chez les jeunes, d = 0.73 vs. 0.65 chez les parents et d = 0.76 vs. 0.70 pour les familles) (Kumpfer et al., 2012).

Autres adaptations culturelles du SFP en Europe
D'autres adaptations culturelles du SFP dans ses différentes versions sont en cours dans différents pays d'Europe tels que la Grèce (Burkhart, 2013) et les Pays-Bas (Burkhart, 2013; Onrust et Bool, 2006). Nous allons brièvement passer en revue leurs caractéristiques principales.

En Grèce (Burkhart, 2013), une adaptation du Iowa-SFP 10-14 est actuellement mise en oeuvre. Elle s'adresse à des familles vulnérables à faible revenu et les formateurs sont pour la plupart des psychologues, contrairement aux autres pays où les équipes ont généralement un caractère interdisciplinaire. Ces familles ne disposaient que d'une information très réduite par rapport au développement psychologique de leurs enfants aux difficultés d'apprentissage ou à l'adaptation scolaire. Les liens familiaux sont plus forts en Grèce qu'en Amérique du Nord et la dépendance affective et financière des enfants se prolonge également plus longtemps (Burkhart, 2013).

Aux Pays-Bas, l'adaptation appliquée par le Trimbos Institute porte le nom de *Cursus Gezin aan Bod* et a été mise en oeuvre et évaluée dans une application portant sur 22 familles et la taille de l'effet est plutôt faible (Burkhart, 2013).

Discussion et conclusions

En ce qui concerne les destinataires, la plupart des adaptations culturelles européennes sont des adaptations du Iowa SFP-10-14, consistant en un programme universel (visant l'ensemble des familles) avec un nombre plus réduit de séances, conçu pour une tranche d'âge allant de 10 à 14 ans et mis en oeuvre dans un contexte scolaire. C'est le cas du Royaume-Uni (adaptations en Angleterre et au Pays de Galles) (Allen et al., 2008; Segrott et al., 2012), l'Allemagne (Stolle et al., 2011), la Pologne (Okulicz-Kozaryn et Foxcroft, 2012), l'Italie (Ortega et al., 2012), la Grèce (Burkhart, 2013) et une adaptation en Espagne (Errasti et al., 2009). Quant à la version originale du SFP, destinée à des populations en situation de risque ou de difficulté sociale, elle est mise en oeuvre en Irlande (Kumpfer et al., 2012) et en Espagne (Programme de compétence familiale ou PCF) (Orte et al., 2013).

En ce qui concerne les objectifs, les différentes adaptations s'alignent sur ceux des programmes originaux dans le sens où elles visent à prévenir l'abus de substances toxiques et les problèmes de comportement. Par ailleurs, les applications de la Pologne, du Royaume-Uni et du PCF en Espagne privilégient parmi leurs objectifs l'éducation parentale et l'amélioration des dynamiques familiales.

Pour ce qui est des contenus, toutes les applications décrivent de façon détaillée les étapes franchies pour parvenir à l'adaptation culturelle desdits contenus ; parmi elles, les adaptations réalisées en dehors du contexte anglo-saxon méritent toute notre attention. Dans l'ensemble des adaptations, l'accent est mis sur l'importance de l'adhésion et de la fidélité au programme original pour garantir les meilleurs résultats. Pour Kumpfer et al. (2012), un point essentiel dans l'adaptation consiste à ne pas modifier les éléments fondamentaux du programme, ni l'ordre des séances ou la structure générale. Dans ce sens, il y a un pays qui n'a pas respecté ce principe dans son adaptation du programme original, il s'agit de la Suède (Skärstrand et al., 2008) où des modifications substantielles ont été introduites aussi bien dans la structure du programme que dans sa mise en oeuvre.

En ce qui concerne la mise en oeuvre des programmes, les applications de l'Irlande et du Pays de Galles (Royaume-Uni) mettent l'accent sur les processus inter-agences ou le travail en réseau dans le but de garantir une plus grande effectivité.

Pour ce qui est de la conception de l'évaluation, plusieurs programmes insistent sur la sélection aléatoire des échantillons. C'est le cas des applications du Pays de Galles au Royaume-Uni, de la Pologne et de l'Allemagne. D'autre part, la Pologne, l'Allemagne et l'Espagne ont également recours à l'évaluation longitudinale ou suivi à long terme des résultats des applications. En ce qui concerne les résultats, il faut souligner la taille de l'effet concernant l'application irlandaise, alors que dans le cas d'autres adaptations, on ne dispose pas encore des résultats soit parce qu'elles sont en cours (Allemagne et Pologne), soit parce que l'adaptation culturelle a uniquement fait l'objet d'une étude pilote sans mise en oeuvre postérieure (Italie).

Les différents programmes analysés, bien qu'ils soient issus du programme nord-américain, contribuent à la mise en place d'un cadre européen de programmes de travail socio-éducatif fondé sur les preuves (*evidence based*) appliqué aux familles. Dans ce sens, les adaptations culturelles et les applications de ces programmes suscitent actuellement une discussion au niveau européen, laquelle s'inscrit à son tour dans un débat plus large concernant la recommandation du Conseil de l'Union européenne sur la parentalité positive [Rec (2006)19 sur les politiques de soutien à la parentalité positive]. Dans les rencontres annuelles de l'*European Society of Prevention Research* (EUSPR, www.euspr.org), une discussion s'est également engagée sur la question de l'idonéité des adaptations culturelles des programmes de prévention familiale.

Les programmes de prévention familiale *evidence based* de type cognitivo-émotionnel comme ceux étudiés ici contribuent de façon importante à l'harmonisation et à la standardisation des programmes de travail socio-éducatif impliquant les familles (Foxcroft et Tsertsvadze 2011a; Foxcroft et Tsertsvadze, 2011b). Par ailleurs, le fait d'adopter un programme fondé sur la preuve existant déjà présente l'avantage que celui-ci a déjà été évalué et que l'on dispose de manuels et de ressources diverses.

Les principales lignes de débat par rapport à l'adoption de ces programmes sont : 1) le refus potentiel d'interventions standardisées basées sur des manuels et 2) l'éventuelle réceptivité négative de la part de la population européenne du fait qu'il s'agit de programmes nord-américains (Ortega et al., 2012; Burkhart, 2013). Un autre point de discussion concerne la traduction et l'adaptation aux différents contextes européens sans que cela ne porte préjudice à l'efficacité ou à la fidélité par rapport aux contenus et aux objectifs du programme initial (Kumpfer et al., 2012). Si nous les comparons à d'autres types de programmes tels que les programmes scolaires ou communautaires, de l'avis de Burkhart (2013), les programmes nord-américains portant sur la famille semblent relativement faciles à adapter au contexte européen parce que les valeurs et le sens donné au terme "famille" sont en partie les mêmes.

La dissémination des résultats des différents processus d'adaptation et de leur mise en oeuvre contribue directement à la circulation de l'information entre les différents programmes en cours d'exécution et à l'amélioration des instruments respectifs. Tout cela intervenant dans un contexte européen de crise économique et de désinvestissement dans les États providence qui fait que les responsables des politiques publiques ont de plus en plus tendance à préférer les programmes capables d'anticiper les résultats et de démontrer leur efficacité comme c'est le cas des programmes fondés sur la preuve.

Références bibliographiques

Allen D, Coombes L, & Foxcroft D (2008). *Preventing Alcohol and Drug Misuse in Young People: Adaptation and Testing of the Strengthening Families Programme 10-14 (SFP10-14) for use in the United Kingdom.* Oxford: Oxford Brookes University, Research Report 28. Recuperado de http://alcoholresearchuk.org/2008/01/16/preventing-alcohol-and-drug-misuse-in-young-people/

Barraca, J. & López-Yarto, L. (2003). *ESFA. Escala de Satisfacción Familiar por Adjetivos.* Madrid: TEA Ediciones.

Bernal, A., Rivas, S. & Urpí, C. (2012). *Educación familiar. Infancia y adolescencia.* Madrid: Pirámide.

Burkhart, G. (2013). *North-American drug prevention programmes in Europe: are they feasible in European cultures and contexts?* Lisboa: EMCDDA.

Collet, J. & Tort, A. (coords.)(2012). *Famílies, escola i èxit. Millorar els vincles per millorar els resultats.* Barcelona: Fundació Jaume Bofill.

Comisión Europea (2011a). *Education and Training for a smart, sustainable and inclusive Europe. Analysis of the implementation of the Strategic Framework for European cooperation in education and training (ET2020) at the European and national levels.* Bruselas: Commission Staff Working Document.

Comisión Europea (2011b). *Tackling early school leaving: A key contribution to the Europe 2020 Agenda. Communication from the Commission to the European Parliament, the Council, the European Economic and Social Committee and the Committee of the Regions.* Bruselas, Unión Europea, 31.1.2011. COM(2011) 18 final. Recuperado de http://ec.europa.eu/education/school-education/doc/earlycom_en.pdf

Consejo de la UE (2006). *Recommendation Rec(2006)19 of the Committee of Ministers to member states on policy to support positive parenting.* Bruselas, Consejo de la Unión Europea. Recuperado de https://wcd.coe.int/ViewDoc.jsp?id=1073507

Coombes, L., Allen, D. & Foxcroft, D. (2012). An exploratory study of the Strengthening Families Programme 10-14 (UK). *Drugs-Education Prevention and Policy,* 19, 5, 387-396.

Errasti, J.M., Al-Halabí, S., Secades, R., Fernández-Hermida, J.R., Carballo, J.L. & García-Rodríguez, O. (2009). Prevención familiar del consumo de drogas: el programa "Familias que funcionan". *Psicothema, 21,*1, 45-50.

Foxcroft, D. & Tsertsvadze, A. (2011a). Universal multi-component prevention programs for alcohol misuse in young people (Review). *The Cochrane Library 2011*, 9.

Foxcroft, D. & Tsertsvadze, A. (2011b). Universal family-based prevention programs for alcohol misuse in young people (Review). *The Cochrane Library 2011*, 9.

Gresham, F. M. & Elliott, S. N. (1990). *Social skills rating system.* Minnessota: American Guidance Service.

Kellam, S. (1972). *Parent observation of children's activities (POCA).* Baltimore: Johns Hopkins University.

Kumpfer, K. L. (1984). *Strengthening Families Program Parenting Scale.* Salt Lake City: University of Utah.

Kumpfer, K.L. & Alvarado, R. (2003). Family strengthening approaches for the prevention of youth problem behaviors, *American Psychologist*, 58,(6/7), 457-465.

Kumpfer, K.L. & DeMarsh, J. (1985). Genetic and family environmental influences on children of drug abusers. *Journal of Children in Contemporary Society*, 3-4,11.

Kumpfer, K. L., DeMarsh, J. P. & Child, W. (1989). *Strengthening Families Program: Children's Skills Training Curriculum Manual, Parent Training Manual, Children's Skill Training Manual, and Family Skills Training Manual.* Salt Lake City: University of Utah.

Kumpfer, K. L. & Dunst, C. (1997). *The Family Strengths and Resilience Scale.* Denver: American Humane Society.

Kumpfer, K.L., Pinyuchon, M., Teixeira, A. & Whiteside, H. (2008). Cultural adaptation process for international dissemination of the Strengthening Families Program. *Evaluation & the health professions*, 31, 2, 226-239.

Kumpfer, K.L., Xie, J. & O'Driscoll, R. (2012). Effectiveness of a Culturally Adapted Strengthening Families Program 12-16 Years for High-Risk Irish Families. *Child Youth Care Forum*, 41, 173-195.

Molgaard, V., Kumpfer, K.L. & Spoth, R. (1994). *The Iowa Strengthening*

Families Program for Pre and Early Teens. Ames: Iowa State University.

Moos, R. (1974). *Family environment scale.* Palo Alto: Consulting Psychologist Press.

Musitu, G. & García, F. (2004). Consecuencias de la socialización familiar en la cultura española. *Psicothema*, 16, 288-293.

OCDE (2011). What can parents do to help their children succeed in school? *Pisa in Focus*, 10 (Noviembre).

Okulicz-Kozaryn, K. & Foxcroft, D. (2012) Effectiveness of the Strengthening Families Programme 10–14 in Poland for the prevention of alcohol and drug misuse: protocol for a randomized controlled trial. *BMC Public Health*, 12, 319.

Onrust, S., & M. Bool. (2006). *Evaluatie van de Cursus Gezin aan Bod: Nederlandse versie van het Strengthening Families Programme.* Utrecht, Trimbos Institute.

Orte, C., Touza, C., Ballester, L. & March, M. (2008). Children of drug-dependent parents: prevention programme outcomes. *Educational Research*, 50, 249 – 260.

Orte, C., Ballester, Ll., March, M. & Kumpfer, K.L. (2012), Results from the Strengthening Families Program in Spain with two types of high-risk families. 1st International Conference on Family-Based Prevention and Positive Parenting, Ljubljana, Eslovenia.

Orte, C., Ballester, L. & March, M. (2013). El enfoque de la competencia familiar, una experiencia de trabajo socioeducativo con familias. *Pedagogía Social. Revista Interuniversitaria*, 21, 3-27.

Ortega, E., Giannotta, F., Latina, D. & Ciairano, S. (2012). Cultural Adaptation of the Strengthening Families Program 10-14 to Italian Families. *Child Youth Care Forum*, 41, 197-212.

Reynolds, C., & Kamphaus, R. (2004). *BASC. Sistema de evaluación de la conducta de niños y adolescentes.* Madrid: TEA ediciones.

Segrott, J. (2008). *Assessing the potential of the Cardiff Strengthening Families Programme 10-14 (UK) as a national programme for Wales.* Cardiff: Welsh Office of Research and Development in Health and Social

Care. Recuperado de: http://www.mystrongfamily.org/downloads/PDFs/SFP-CardiffEvaluation.pdf

Segrott, J., Moore, L, Holiday, J., Hood, K., Murphy, S., Philips, C., Roberts Z., Scourfield, J., Foxcroft, D., Rothwell, H., Gillespie, D. & Thomas, C. (2012, junio). Recruitment by local practitioners to a pragmatic effectiveness trial of the Strengthening Families Programme (SFP10-14) in Wales, UK. 1st International Conference on Family-Based Prevention and Positive Parenting, Ljubljana, Eslovenia.

Skärstrand, E., Larsson, J. & Andréasson, S. (2008). Cultural adaptation of the Strengthening Families Programme to a Swedish setting. *Health Education*, 108 (4), 287-300.

Stolle, M., Stappenbeck, J., Wendell, A. & Thomasius, R. (2011). Family-based prevention against substance abuse and behavioral problems: culture-sensitive adaptation process for the modification of the US-American Strengthening Families Program 10-14 to German conditions. *Journal of Public Health*, 19, 389-395.

UNODC, Oficina de las Naciones Unidas contra las Drogas y el Delito (2009). *Guía para la ejecución de programas de desarrollo de aptitudes de la familia en materia de prevención del uso indebido de sustancias*. Nueva York: Naciones Unidas.

3. LE PROGRAMME DE COMPETENCES FAMILIALES: L'EFFICACITE DE L'APPROCHE FAMILIALE DANS LES PROGRAMMES DE PREVENTION DES DEPENDANCES A LA DROGUE ET L'ALCOOL CHEZ L'ENFANT[2]

Gomila, Ma ; Orte, C. ; Ballester, L.

Introduction

La consommation de drogues et d'alcool par les adolescents et les jeunes est une problématique de premier ordre dans presque tous les pays industrialisés. *L'European Monitoring Centre for Drugs and Drug Addiction* (EMCDDA[3]) remarque que les comportements à risque ont même augmenté dans certains pays. La prévention est l'objectif prioritaire des plans stratégiques, aussi bien auprès de la population générale qu'auprès de la population à haut risque, en particulier chez les enfants et les jeunes. Le développement de programmes qui ont fait leurs preuves dans des environnements différents est encouragé (EMCDDA, 2007). La prévention des dépendances chez les enfants et les adolescents s'inscrit dans une approche globale qui vise à prévenir non seulement la consommation abusive d'alcool et drogues, mais aussi les troubles mentaux et les comportements antisociaux. En effet, ces derniers ont une origine et un processus de développement très semblable, ce qui permet de mettre en œuvre des mécanismes communs de solution. Dans les deux cas, la prévention s'avère l'approche la plus efficace à travers la promotion des

---

[2] Cet article a eté publié à Drogues, Santé et Société N.2, decembre 2012
[3] http://www.emcdda.europa.eu/,

facteurs de protection et la réduction des facteurs de risque des modèles de comportement problématiques (Brown *et al.*, 2001; Navarro, 2000).

L'environnement familial est décisif dans le risque de dépendances chez les mineurs (EMCDDA, 2007). L'approche familiale semble donc intéressante, d'autant plus que la consommation de drogues et d'alcool a d'importantes conséquences pour les familles et leurs enfants (Orford et Harwin 1982; Velleman 2000a; Hurcom, 2000; Kroll et Taylor 2003 cités par Coombes, L., Allen, D., Marsh, M. et Foxcroft, D, 2006, Currie *et al.*, 2008). Les recherches ont amplement démontré que les enfants des familles affectées par des dépendances ont un plus haut risque de consommer eux-mêmes des substances psychoactives ou de développer d'autres désordres émotionnels, mentaux, académiques, comportementaux et d'autres problèmes sociaux (Bröning *et al.*, 2012, Kumpfer et Johnson, 2007). En outre, les problèmes de dépendance dans la famille se transmettent en grande partie aux générations suivantes à travers les processus cognitifs et comportementaux du modelage. C'est le cas, par exemple, des rapports familiaux problématiques dans la maison ou de l'absence de support parental (Bröning *et al.*, 2012). En effet, les familles ayant des problèmes de dépendance ont de grandes difficultés à exercer une parentalité positive. Elles ont une plus grande tendance à la violence (physique ou verbale) et à l'abandon ou à la négligence des enfants (Orte *et al.*, 2007 et 2012 ; Moreno, 2002; Chassin *et al.*, 2004) et une moindre capacité à résoudre les problèmes quotidiens. Le bien-être des enfants se voit, au final, davantage affecté par l'ambiance désorganisée et par les problèmes de stress, de dépression et d'anxiété des parents dépendants que par les effets de la consommation elle-même (Espada y Méndez, 2002). En ce sens, l'intervention précoce donne de très bons résultats dans la réduction des risques (Kumpfer et Johnson, 2007). De plus, on a pu vérifier que « les facteurs clés de la compétence familiale interviennent ensemble et sont mutuellement synergiques. Par exemple, une amélioration de l'organisation familiale est liée à l'amélioration de la cohésion entre les membres du groupe familial ainsi qu'à une meilleure communication et à la résolution coopérative des problèmes » (Orte *et al.*, 2012:11).

Les problèmes dans la famille font augmenter le risque pour les enfants de répéter les mêmes modèles de relations et de comportements (dont l'abus de substances qui créent la dépendance, qui est censé être entre deux et neuf fois plus élevé) (Kumpfer et Johnson, 2007). Dans ce contexte, les rapports familiaux positifs, la supervision des parents sur les comportements des enfants, la discipline et la communication de valeurs et d'attentes positives en ce qui concerne la santé deviennent les facteurs de protection les plus efficaces dans le cadre de la prévention des dépendances (Orte *et al.*, 2012).

Pourtant, la plupart des politiques de prévention mises en œuvre aussi bien en Europe, aux États-Unis et au Canada suivent encore une approche universelle, alors même que les recherches de solutions aux problématiques dérivées de la consommation de drogues et d'alcool mettent en évidence, d'une part, l'efficacité des interventions précoces (sur l'enfance) dans les programmes de prévention des dépendances (Coombes *et al.*, 2006) et, de l'autre, celle des programmes qui ciblent des familles problématiques ou à haut risque (Kumpfer *et al.*, 2010, Foxcroft, 2006, Tobler et Kumpfer, 2001, Orte *et al.*, 2010). En ce sens, les résultats des études visant les mécanismes et les processus de résilience des enfants dans des familles ayant des problématiques de dépendance et à haut risque ont donné lieu à la création de programmes de prévention préconisant la pratique de la parentalité positive et le renforcement des liens familiaux (Orte *et al.*, 2010).

Même si l'état de la recherche ne permet pas encore d'offrir des résultats définitifs – en raison, notamment, de l'hétérogénéité des programmes (Bröning *et al.*, 2012) – l'examen des révisions du corps de recherche existant ont permis de réaliser des analyses visant à classifier les programmes en fonction de leur efficacité dans la prévention des dépendances, mais aussi par rapport aux résultats obtenus chez les enfants et leurs familles.

Selon la classification de la méta-analyse de la Cochrane Review de l'Université d'Oxford, le *Strenthening Families Program* (SFP) (Kumpfer et DeMarsh, 1985 ; De Marsh, Kumpfer et Child, 1989) a donné de meilleurs résultats que d'autres programmes de prévention des dépendances, que ce soit en milieu scolaire ou avec des familles à haut risque (Foxcroft *et al.*, 2003, Foxcroft *et al.*, 2012). Ce programme incorpore des avancées significatives dans le domaine de l'épidémiologie et de la psychologie visant la prévention et la réduction de la consommation d'alcool et de drogues chez les enfants et les adolescents à travers l'application de techniques de changement des comportements basées sur les théories de l'apprentissage social cognitif (Kumpfer, Xie, O'Driscoll, 2012).

Ce travail a pour but de montrer l'efficacité de la mise en œuvre de l'adaptation espagnole du SFP, le Programme de compétences familiales (Orte *et al.*, 2006). Il présente les résultats des expériences réalisées de 2006 à 2011 avec des familles comptant un membre en dernière phase de traitement de dépendances au sein du *Proyecto Hombre*[4] dans plusieurs communautés espagnoles ainsi qu'avec des familles suivies par les Services sociaux des îles Baléares. Les évaluations de contrôle aléatoire portant sur les différentes applications du programme ont montré des résultats très

---

[4] http://proyectohombre.es/

positifs dans la prévention chez les adolescents de l'accès précoce aux drogues et à l'alcool ainsi que des comportements à risque associés à la consommation. Cela a aussi permis d'identifier les éléments du programme les plus efficaces à l'heure de renforcer les capacités parentales et les liens familiaux qui protègent au mieux le développement des plus petits. Le travail présente également les derniers résultats de l'analyse longitudinale réalisée en 2012, qui constate la continuité des résultats et les effets à moyen terme de la participation au programme par les familles. Cette analyse permet aussi de détecter les facteurs et les types de situations familiales les plus déterminants pour l'efficacité de l'application des stratégies familiales dans la prévention de l'abus des drogues chez les adolescents.

Le succès du programme repose sur plusieurs axes qui sont à la fois théoriques et méthodologiques. D'une part, son approche intégrale et à composantes multiples (*multicomponent*) qui cible la famille comme unité et dont la base théorique est largement acceptée et avérée, de l'autre, l'application de méthodologies actives combinées, basées sur la promotion de rapports positifs, durables et de qualité dans la famille. Par ailleurs, le programme prend en compte tous les aspects du processus d'intervention : sélection et motivation des familles, matériel, espaces, contrôle du temps, nombre de séances suffisantes, etc. L'adaptation aux particularités culturelles et contextuelles des familles participantes ainsi que la fidélité à la structure du programme sont aussi des éléments très importants. Finalement, un système d'évaluation conséquent et systématique des processus et des résultats permet de vérifier son efficacité (Orte *et al.*, 2012).

D'un point de vue comparatif, les résultats de l'application du programme ont été rapportés par le EDDRA (*Exchange on Drug Demand*

Reduction Action) de l'EMCDDA qui, dans le cadre européen, place le Programme de compétences familiales (ici SFP-Espagne) au niveau 3, correspondant aux programmes de prévention les plus efficaces (Amer, 2012). Dans le cadre des adaptations européennes du SFP, le SFP-Espagne est, avec le programme irlandais, l'adaptation qui a obtenu les résultats les plus positifs, meilleurs que ceux des adaptations du programme en Hollande, au Portugal et en Grande Bretagne, et même que ceux observés aux États-Unis avec l'application du programme originel (Burkhard, 2012).

Le SFP dans le cadre des programmes de prévention basés sur la recherche empirique et ses adaptations en Europe

Le programme SFP originel est un programme de prévention à composantes multiples (*multicomponent*) conçu spécialement pour des parents ayant des problèmes de dépendance et pour leurs enfants âgés de 6 à 12 ans. Il a été développé, à l'origine, à l'université d'Utah par De Marsh et Kumpfer (1985) et par De Marsh, Kumpfer et Child (1989). Des révisions ultérieures (1998 et 2004) adaptent le programme à d'autres groupes d'âge (3 à 5, 6 à 11 et 12 à 16 ans), tandis que d'autres (Spoth et Molgaard, 1993 et 1999) donnent naissance à un nouveau programme familial visant la population scolaire universelle (Iowa SFP-10-14) avec une structure plus courte (7 séances au lieu des 14 du programme originel). Aux États-Unis, le SPF a, de plus, subi des modifications pour mieux s'adapter aux particularités contextuelles des divers groupes sociaux et culturels formant la population cible (différentes dans chaque cas). Des évaluations ont validé ces changements, avec des résultats positifs dans le recul de l'âge de l'initiation à l'alcool et aux drogues et dans les taux de recrutement et de rétention des participants (Kumpfer et Johnson, 2007).

Les analyses de la *Cochrane Collaboration* témoignaient des bons résultats, jusqu'à deux fois plus effectifs (Foxcroft 2007) en prévention universelle des versions ISFP (7 séances) chez la population scolaire de 10 à 14 ans aux États-Unis. Par la suite, plusieurs adaptations de cette version ont été faites dans différents pays européens qui se sont soumis à des évaluations indépendantes avec des résultats positifs (Kumpfer, 2012). Les adaptations de la version de Spoth et Molgaard (1999), de 7 séances (plus 4 de renforcement), ont été développées par Allen *et al.* (2007) en Angleterre, par Segrott[5] au Pays de Galles, par Stolle *et al.* (2010) en Allemagne, par Skärstrand (2008) en Suède et par Kyritsi en Grèce (Burkhart, 2012). De nouvelles adaptations en Italie (Ortega, Gianotta, Latina, Giairano, 2012) (encore sans évaluation) sont en cours. Dans le cas de la France, Kumpfer (2012) mentionne une adaptation du SFP 6-11 dans une banlieue de Paris avec une population d'origine maghrébine. Le programme est encore dans sa phase initiale et on ne dispose pas d'évaluations qui puissent offrir des résultats. En Espagne (Orte, 2008), en Pologne (Okulizc, 2012) et en Irlande (Kumpfer, Xie, O'Driscoll, 2012), c'est la version originelle de 14 séances qui a été appliquée.

La transférabilité du SFP dans des pays européens de langue non anglaise et dans des contextes culturels différents par rapport à ceux d'origine du programme fait encore l'objet de discussions dans le cadre de la recherche de programmes efficaces de prévention de la consommation de drogues et d'alcool chez les jeunes (EMCDDA, 2012). La question de la transférabilité est particulièrement intéressante, d'autant plus que le SFP, comme d'autres programmes de prévention basés sur la recherche empirique, a pour but la modification des comportements, « façons d'agir »

---

[5] *My Strong Family*, developé par l'Université d'Oxford Brookes (Coombes *et al.*, 2006), et le projet SFP Cymru en Pays Gallois (Segrott *et al.*, 2012)

et rapports des familles et des individus dans un contexte (socio-économique, culturel, politique, etc.) spécifique. La recherche sur le sujet montre des résultats plus positifs lorsque ces programmes sont adaptés à la réalité socioculturelle dans laquelle ils interviennent (Kumpfer, Magalhaes et Xie, 2012, p.109). Cela implique le besoin de considérer le langage, la culture et le contexte dans le but d'adapter le programme aux patrons, aux valeurs et aux significations culturelles de la population cible.

Cependant, dans les adaptations du programme et les travaux analysant ces adaptations, Kumpfer et d'autres chercheurs européens (Allen *et al.*, 2007 dans Kumpfer, *et al.*, 2012 ; Skärstrand *et al.*, 2008[6]) attirent l'attention sur le fait qu'il est essentiel de prendre en considération les éléments qui doivent être adaptés en matière de matériel ou de cadres d'action. Les chercheurs s'accordent sur le fait que l'adaptation du matériel et du format ne doit pas aller jusqu'à altérer l'intégrité théorique et conceptuelle du programme, au risque de voir réduite l'efficacité du programme.

Le Programme de compétences familiales.

L'adaptation espagnole du SFP se nomme le Programme de compétences familiales (SFP-Espagne). Ce programme a été développé et validé par le Groupe de recherche et de formation éducative et sociale (GIFES) de l'Université des îles Baléares, sous la direction de Carmen Orte. Le projet est issu des nombreuses recherches sur les facteurs de protection familiaux dans le cas de la prévention de la consommation de drogues dans les années 90 par la Dr Orte qui a dirigé des recherches sur la prévention de l'usage des drogues à l'Université des îles Baléares (UIB). Le programme a été conçu dans le but d'améliorer les compétences

---

[6] http://www.stad.org/wp-content/uploads/2011/01/Skarstrand.pdf

familiales et de prévenir les éventuels comportements inadaptés chez les enfants des familles confrontées à la consommation de drogues et d'alcool (parents en traitement).

À partir de la conception transversale du programme, en 2005, et des premières expériences pilotes, des mises en œuvre systématiques du programme par les services sociaux et de protection des mineurs et le *Proyecto Hombre* (PH) ont été réalisées de 2006 à 2008. Celles-ci comprenant, dans chaque cas, des groupes expérimentaux (GE) et des groupes de contrôle (GC)[7]. Les interventions réalisées avec le PH ont concerné plusieurs villes espagnoles et ciblaient les familles (volontaires) avec des enfants de 7 à 14 ans, dont les parents (tableau 1) ont été consommateurs de drogues et se trouvaient en dernière phase de traitement de désintoxication au sein de la structure. Un autre groupe concernait, en revanche, des familles en situation de risque usagères des services sociaux et de protection des mineurs (SS) des îles Baléares uniquement. Dans ce cas, même si le profil était pareil les problématiques de consommation ou dépendance ne faisaient pas partie des critères d'inclusion, mais plutôt des problèmes concernant l'éducation des enfants ou l'organisation familiale. Des validations initiales avec des groupes de contrôle ont permis de redéfinir la procédure de mise en œuvre et d'améliorer les instruments d'évaluation. Ensuite, 17 applications du programme[8] ont été faites entre 2008 et 2009 et 40[9] entre 2009 et 2011. De 2006 à 2008, 15 familles ont été sélectionnées pour le programme. Cependant, lorsqu'il s'agissait de la validation du programme, ces familles n'ont pas été incluses dans les

---

[7] Les « groupes expérimentaux » sont les groupes de familles qui ont participé au programme et les « groupes de contrôle » sont des groupes de familles qui n'ont pas participé au programme, mais qui ont des mêmes caractéristiques que celles des « groupes expérimentaux » et qui s'accordent aux critères d'inclusion et d'exclusion du programme.
[8] 7 au PH/10 aux SS
[9] 11 au PH/29 aux SS

analyses. De 2008 à 2009, elles étaient 119 et, dans les applications de 2009-2011, elles étaient 290. Des 379 familles qui ont initié le programme, 290 l'ont fini. Pour l'analyse longitudinale de 2012, 155 familles du GE et 26 du GC ont été recontactées (voir le tableau 1). La comparaison des caractéristiques sociodémographiques entre les familles du GE de la première étape et celles de la deuxième étape confirme le maintien de la structure d'âge (tableau 2), du sexe et la configuration familiale.

Tableau 1. Familles participantes et continuité dans le programme (2008-2011)

	Début progr.	Fin progr.	% suivi	Analyse longitudinale		% suivi
				GE	GC	
Familles PH	87	73	83,91 %	63	9	86,30 %
Familles SS	292	217	74,32 %	92	17	42,40 %
TOTALE	379	290	76,52 %	155	26	53,45 %

Tableau 2. Typologie des familles participantes au programme

	Âge moyen enfants	Âge moyen parents
Proyecto Hombre		
Groupe expérimental	12,38	40,28
Groupe contrôle	12,00	41,11
Services sociaux		
Groupe expérimental	11,25	41,46
Groupe contrôle	9,65	38,82

Caractéristiques du programme

Le SFP-Espagne est un programme à composantes multiples avec une approche basée sur la participation des familles. Cette méthodologie est considérée comme essentielle dans l'obtention de changements dans les facteurs de protection et de risque chez les parents et leurs enfants (*Center for Substance Abuse Prevention* 1998; Biglan 2003). Afin d'assurer un haut niveau de rétention et d'efficacité dans les résultats, le programme combine trois axes d'intervention. Le premier, concernant les habiletés sociales et de vie, est destiné aux enfants et aux jeunes. Le second a pour but de renforcer les capacités comportementales des parents. Le troisième vise à intégrer les habiletés acquises par les enfants et les parents dans l'ensemble de la famille. Les séances s'organisent autour d'un repas de bienvenue avec les familles usagères et les formateurs. Le repas qui précède chaque journée n'a pas qu'une finalité de bienvenue. Il permet aussi de mieux suivre le développement des familles, de renforcer certains aspects abordés dans les séances précédentes et de retenir les participants. Le programme se développe au cours de 14 séances de deux heures au cours desquelles les parents et les enfants sont d'abord séparés en deux groupes qui travaillent de façon simultanée. Durant la deuxième heure, les familles sont regroupées dans le but de pratiquer les apprentissages de la première heure à travers des jeux thérapeutiques. Parents et enfants apprennent à observer leurs comportements et interagissent directement sous l'œil des formateurs qui les orientent lorsque cela est nécessaire. La famille continue ensuite le travail sous forme de « devoirs » à réaliser à domicile. Ceci favorise une discipline d'apprentissage et renforce les acquis des séances présentielles, tout en permettant d'évaluer les comportements.

L'efficacité de ce type de programmes à composantes multiples – qui prennent pour cible la famille comme unité – par rapport aux programmes individuels a été largement démontrée par Tobler et Kumpfer (2000, 2003) et rapportée dans des méta-analyses réalisées sur des programmes d'intervention avec la famille (Dunst, Trivette & Hamby (2007). Nation *et al.* (2003) identifie aussi cette approche plurielle comme l'un des principes d'efficacité dans la prévention. Dans le cadre de cette structure à plusieurs volets et centrée sur la famille, les besoins individuels de chacun sont pris en compte, mais on considère que c'est au sein de la structure familiale, reconnue comme entité, que ces développements individuels peuvent mieux s'intégrer. Cette approche est basée sur l'idée que les problèmes affectent l'ensemble de la famille et que, de la même manière, les mécanismes de surpassement familiale ont une influence décisive sur la récupération, aussi bien de chacun des membres individuellement que de la famille comme unité (Pittman, 1987). Les interventions socioéducatives qui suivent cette approche permettent la construction de ressources pour que les familles puissent faire face aux situations problématiques, les améliorer et se renforcer elles-mêmes ainsi que leurs capacités à affronter de futurs défis (Orte, 2012b). Du point de vue du développement du programme, cette approche a aussi d'autres avantages, car il a été vérifié que les enfants encouragent souvent les parents à y participer, ce qui a une influence positive sur le taux d'attrition. L'entraînement suivi dans les séances fait que le niveau de rétention des apprentissages est plus important et durable dans le temps (Tobler et Kumpfer, 2003) et le degré de satisfaction des participants est plus élevé, tout comme leur perception de la valeur de l'aide reçue (Dunst *et al.*, 2007, Orte *et al.*, 2013).

Les séances sont dirigées par une équipe multidisciplinaire de formateurs (quatre permanents et deux de substitution), professionnels des institutions au sein desquelles le programme s'applique, qui ont suivi une formation spécifique pour l'application du programme de la part du groupe du Dr Orte (GIFES- Université des IB). C'est aussi le GIFES qui réalise la supervision quotidienne du développement et de l'animation des séances par les formateurs (Orte *et al.*, 2012c). Le programme accorde une importance majeure aux professionnels qui réalisent les interventions, car c'est leur compétence qui lui apporte son efficacité et sa qualité[10].

---

[10] http://www.cite2011.com/Comunicaciones/Familias/114.pdf

Le processus d'adaptation du SFP au SFP-Espagne

Les modifications du matériel ont été faites à plusieurs niveaux (forme, structure et contenu des séances, instruments d'évaluation). Le GIFES a édité du matériel en version papier, utilisé durant les séances, ainsi que du matériel de support (DVD et vidéos) pour des situations spécifiques (par exemple, des personnes ayant des problèmes de lecture et d'écriture) ou pour le travail de renforcement à la maison. Suivant les recommandations d'Allen, Coombes et Foxcroft (2007), les modifications des aspects plus formels ont été faites au niveau du langage, des normes de présentation, de la structure des séances et du format de présentation du programme. Certains mots et des expressions culturellement significatives ont été aussi adaptés à la réalité espagnole. Le langage iconique a été incorporé afin de faciliter la compréhension des contenus des textes. Les contenus ont dû également être modifiés lorsque des divergences d'ordre culturel et d'ordre social ont été trouvées par rapport aux versions anglaises du programme original. Ces modifications ont pour objet des concepts culturels et symboliques et ont pour but de mieux adapter les contenus aux significations et aux comportements de la société espagnole (Orte *et al.*, 2008).

D'autres modifications par rapport au programme original ont été apportées à la structure et au contenu des séances pour les adapter à la société espagnole. Musiques, activités, jeux, mais aussi dynamiques de groupe, bonus (encouragements) pour les comportements corrects et même durée des activités ont subi des modifications. Tous ces éléments ont été précisés dans le matériel destiné aux formateurs afin d'assurer la structuration des séances en accord avec les critères du programme[11]. De

---

[11] Orte *et al.*, *Manual de implementación del programa de competencia parental*. Publié par la UIB et le gouvernement régional.

fait, la formation des formateurs a été l'un des points les plus importants pour garantir la fidélité au programme, laquelle, à son tour, est essentielle pour en garantir les résultats (Rohrbach, 2007). Le déroulement des séances et leur animation par les formateurs sont minutieusement réglés, soit par le matériel guide, soit par la formation reçue. Il est important de noter que les séances ont été dirigées par les professionnels des institutions d'accueil du programme : *Proyecto Hombre* et les services sociaux. Or, la participation des organisations, institutions et communautés, objet des interventions, est considérée comme essentielle dans les adaptations culturelles des programmes de prévention basés sur la recherche empirique (Kumpfer *et al.*, 2008). En raison de leur expérience dans le travail en groupe et avec des populations en processus de désintoxication et des familles à haut risque, la participation des professionnels dans le recrutement (des formateurs comme des participants) et dans la discussion des modifications à apporter au programme original a été un élément clé du processus d'adaptation et de conception du SFP-Espagne, même si cela ne les a pas dispensés de suivre également une formation spécifique pour l'application du programme (Orte *et al.*, 2008). De plus, à la différence d'autres adaptations européennes, dont spécifiquement le cas de l'Italie (Ortega *et al.*, 2012), les contributions des formateurs à la révision du matériel, des contenus et des processus d'exécution n'ont pas seulement porté sur les premières mises en œuvre, mais également sur les évaluations et les réalisations postérieures (Orte, Touza, Ballester, 2006). En effet, chaque séance incluait une évaluation des formateurs sur leur développement et basée sur 5 objectifs. Ce système d'évaluation a permis, à travers des questionnaires spécifiques[12], la détection de problèmes et de potentiels

---

[12] « Questionnaire d'évaluation des séances pour les formateurs », pour les séances 1, 5, 6, 7, 8, 9, 13 et « Questionnaire de fidélité de la séance », pour les séances 2, 3, 4, 10, 11 et 12,

obstacles, aussi bien dans les contenus que dans la participation et le développement des séances : respect des horaires, difficultés de transport, compréhension du matériel par les participants, motivation et dynamiques de travail des groupes, etc. Étant donné que le programme est basé sur la participation active des familles, beaucoup d'intérêt a été accordé aux stratégies et mécanismes de surpassement des barrières qui pourraient affecter cette participation (Orte *et al.*, 2013) . Grâce à ce système, on a pu évaluer le niveau de rétention des participants au programme et détecter la nécessité d'introduire des modifications pour en améliorer l'efficacité. Par exemple, le matériel didactique a subi certaines modifications (actualisation des images, textes plus faciles à comprendre, simplification des procédures d'évaluation, etc.).

Méthode et instruments d'évaluation

Dans les méthodes et les techniques déployées au cours du travail avec les familles, le SFP-Espagne accorde un rôle prioritaire au contrôle des processus d'application (fondé sur la fidélité au programme) et au contrôle des modalités d'actuation (explications, débats, activités de partage d'expériences) (Orte *et al.*, 2007 ; 2008) et des critères d'intervention. Ainsi, les validations des adaptations prennent en compte le besoin de combiner l'adaptation avec la fidélité de la mise en œuvre et l'efficacité du programme (Barrera *et al.*, 2004 ; Castro, Barrera et Hollerand, 2011). Sur ce point, le SFP-Espagne envisage plusieurs instruments de contrôle et des mesures d'évaluation suivant les mêmes critères que les programmes originaux. Tout d'abord, les instruments d'évaluation utilisés par le SFP-Espagne ont été considérés comme essentiels, en premier lieu, pour mesurer le degré de fidélité de l'application du programme et, en deuxième lieu, pour réduire le taux d'attrition. La sélection des instruments et leur adaptation ont été faites dans l'idée de garantir que les concepts théoriques et les propriétés psychométriques (fiabilité, validité) soient les plus proches possible de ceux du programme originel (Orte *et al.* 2008 ; 2012a). Par ailleurs, une importance centrale a été accordée à la correcte sélection des familles, considérée comme l'un des critères les plus décisifs pour garantir le bon développement du programme ainsi que son efficacité (Ballester, 2012). Ainsi, différents critères d'inclusion ou d'exclusion des familles ont été retenus selon l'institution (*Proyecto Hombre* et services sociaux) dont elles étaient usagères dans le but d'optimiser les effets de la mise en œuvre du programme. En effet, les 87 familles usagères du PH ont été choisies entre celles qui se trouvaient dans les dernières phases du programme de désintoxication développé par l'institution afin d'assurer le maintien de l'abstinence et d'éviter les problèmes de crise familiale dérivés de la dépendance de l'un de ses membres, ce qui aurait pu dénaturer la participation. De ce groupe, 83,91 % (73) des participants ont complété les 14 séances. Des 292 usagers des services sociaux, l'un des critères d'inclusion était que les besoins de base de la famille soient couverts, suivant l'idée que, dans le cas contraire, les familles n'auraient pas la capacité de participer. Soit dans le groupe des familles du PH comme du groupe des familles des SS, leur composition familiale était très variée, avec une forte prédominance de familles monoparentales (plutôt mères) et recomposées. Néanmoins, la situation familiale, sociale et économique des familles usagères des SS était rapportée comme plus précaire et à risque que celle des familles provenant du PH. Dans ce groupe, le taux d'attrition a été 25,6 %, tandis que le taux des familles du PH était de 13,6 %. Si l'on considère celles qui ont été récupérées dans l'analyse longitudinale de 2012, les taux d'attrition sont encore plus grands. Dans les deux groupes

(PH et SS), l'abandon de la participation est dû, dans la majeure partie des cas, à la volonté des familles de couper les liens avec les services de référence, aux changements de domicile et à la perte de motivation. Le programme ciblait donc une population très spécifique, avec l'objectif général d'augmenter les capacités des parents, d'améliorer les comportements et les compétences sociales des enfants, de faire évoluer les rapports familiaux ainsi que de prévenir les modèles de consommation précoces chez les enfants et les adolescents de ces familles. Il faut également souligner que les caractéristiques socio-économiques de cette population sont très marquées par le style de vie des zones touristiques, avec une forte présence des drogues et de l'alcool en lien avec les loisirs (Amer, 2011). De plus, l'expérience en Espagne est aussi à mettre en relation avec les différents niveaux de développement du système de protection sociale et les forts liens de solidarité qui dérivent de l'importance culturelle de la famille comme institution (EMCDDA, 2012). Les familles destinataires du programme étaient plus hétérogènes, en ce qui concerne les niveaux socio-économique, culturel et éducatif, que les participants des programmes du SFP aux États-Unis. Ce qui demandait aussi une plus grande capacité de s'adapter à la diversité des besoins.

Dans le SFP-Espagne, le processus de sélection des échantillons a suivi des modèles d'inclusion et d'exclusion communs, permettant la combinaison entre les GE (155 familles) et les GC (26 familles) et le contrôle du préprogramme et du postprogramme (Orte *et al.*, 2012a). L'objectif de cette comparaison, avec des contrôles pré- et post- et mise en œuvre sur les deux groupes, est de mesurer les changements expérimentés par les parents, les enfants et la famille afin d'évaluer le degré d'influence du programme sur l'amélioration des rapports familiaux, sur les pratiques éducatives et parentales et sur les comportements des enfants.

Ces mécanismes d'évaluation ont joué un rôle très important dans le processus d'adaptation du programme qui est considéré comme une évolution constante pour être au plus près des caractéristiques et des besoins des familles et des individus participants. En ce sens, les évaluations des séances et les évaluations du degré de satisfaction des participants sont aussi des instruments qui ont été adaptés pour prévenir de possibles biais dans les résultats et pour en assurer l'efficacité. Ainsi, les évaluations externes générées par des observateurs extérieurs au programme (Orte *et al.*, 2008 p. 8) ont été combinées avec les rapports d'évaluation des formateurs et les questionnaires aux participants (parents et enfants).

En ce qui concerne l'évaluation des résultats, une série de questionnaires, élaborés par Kumpfer et destinés aux parents et aux enfants (voir le *Behavior Assessment System for Children* (BASC) (Reynolds and Kamphaus 2004) [13] ont été utilisés pour évaluer le comportement, la personnalité et les problèmes affectifs des enfants et des adolescents. Aussi, l'Échelle de satisfaction familiale par adjectifs (ESFA) (Barraca et López-Yarta, 2003) a servi à mesurer la satisfaction de la famille sur son propre fonctionnement. Il est à noter que cet instrument permet d'offrir une mesure globale des dynamiques et des conceptions familiales. Utilisant des adjectifs, évoquant des réponses affectives, il mesure les sentiments, positifs ou négatifs, qui ont leur origine dans les interactions (verbales ou physiques) entre un individu et les membres de sa famille. Dans l'analyse longitudinale, un questionnaire d'évaluation élaboré spécialement pour le SFP-Espagne a été appliqué ainsi que des instruments visant l'examen spécifique d'autres variables, telles que l'intervention des

---

[13] Instrument validé spécifiquement pour la population espagnole. Une description de l'instrument peut être trouvée à http://www.pearsonassessments.com/HAIWEB/Cultures/en-us/Productdetail.htm?Pid=PAa30000

formateurs, le matériel et les séances, le changement vécu par la famille et le niveau de satisfaction.

La distribution des instruments d'évaluation a été la suivante :

- **Tests pour les parents :** ensemble d'instruments d'évaluation (SFP-K: Kumpfer) analysant des variables telles que le temps passé ensemble et l'obéissance des enfants; BASC (Reynolds and Kamphaus 2004); Test sur la connaissance et la satisfaction par rapport au programme (SFP : Kumpfer, 2003) ; ESFA (Barraca et López-Yarta, 2003)
- **Tests pour les formateurs :** BASC (Reynolds et Kamphaus, 2004) et un questionnaire de valorisation du programme pour l'évaluation des formateurs, du matériel, des séances et des changements de comportements.
- **Tests pour les enfants :** ensemble d'instruments d'évaluation (SFP-K: Kumpfer) analysant des variables telles que le temps passé ensemble, leur propre obéissance; BASC et évaluation des professeurs.

Les variables à évaluer concernent plusieurs facteurs clés et sous-facteurs :

- **Les rapports familiaux**→Implication parentale, supervision, résistance de la famille dans des situations de difficulté, relations interpersonnelles, rapports et communication parents-enfants, organisation familiale, contrôle du conflit parental, estime de soi des parents, environnement familial, etc.
- **Les habiletés parentales**→Résistance de la famille, rapports parents-enfants, implication parentale et supervision des enfants, cohésion familiale, organisation familiale, parentalité positive, habiletés parentales, etc.

- **Les changements dans les comportements des enfants**→Agressivité, maîtrise de soi ou *self-control* face aux problèmes scolaires, dépression, repli sur soi, concentration, stress, etc.
- **Les changements dans les habiletés sociales des enfants**→

    Habiletés sociales, attitudes négatives au regard de l'école, capacité d'adaptation à des situations nouvelles, capacité de parler avec les adultes, capacité à se faire de nouveaux amis, assertivité et empathie, etc.

Dans l'analyse longitudinale qui mesure le changement et la continuité des effets du programme, les facteurs à analyser dans le prétest et le posttest avec les GE et GC ont été groupés en 6 catégories : résistance familiale, rapport entre parents et enfants, cohésion familiale, organisation familiale, parentalité positive, habiletés parentales.

Résultats du programme

Les résultats des évaluations obtenus dans les différentes applications du programme ont été rapportés par le GIFES en deux vagues, 2008 (Orte, Touza, Ballester, 2007) et 2012 (Orte, Ballester, March, 2012). Celles-ci correspondent aux deux périodes de mise en œuvre et à l'étude longitudinale des familles qui avaient fini le programme en 2009 et qui ont été suivies jusqu'en 2012.

L'observation des résultats pré- et posttest entre les GE et les GC a été faite à travers les analyses de variance à partir des tests ANOVA ($p < 0,05$), incluant des contrastes post-hoc (test Tukey-*b*). Les résultats obtenus montraient des différences significatives des variables entre le prétest et le posttest, observations du GE et du GC. Le t-test était utilisé pour confirmer les différences entre les observations prétest et posttest des GE. La taille des effets observés était aussi calculée (Cohen'*d*).

L'observation de ces indicateurs montre les bons résultats du SFP-Espagne sur le taux d'attrition et sur la continuité des participants durant tout le processus. En effet, les résultats montrent un haut niveau de continuité des participants (parents et enfants) jusqu'à la fin du programme (75 % dans le rapport 2008, 76,5 % dans le rapport 2012). Il faut souligner que les participants provenant du PH ont montré des niveaux de continuité beaucoup plus hauts que les familles des SS (entre 84 % et 89 % pour les familles du PH, contre 64 % à 74 % pour les SS). Toutefois, même si la participation des familles usagères des SS a été plus basse que celle des familles du PH, les résultats par rapport aux changements dans le comportement et à l'amélioration des capacités parentales ne montrent pas de différences notables. Les familles provenant des SS se caractérisaient par des niveaux de risque plus élevés et une problématique sociale plus complexe que les familles du PH, ce qui pourrait expliquer les difficultés à suivre le programme jusqu'au bout (Orte, Ballester, March, 2012a). D'autre part, la participation des deux parents (même s'ils ne forment plus un couple) dans le programme a également été très élevée (70 % pour les familles de PH et 60 % pour les familles des SS), permettant ainsi d'optimiser les résultats du travail sur l'amélioration des comportements et des rapports au sein de la famille (Orte, Touza, Ballester. 2007; Ballester, 2012).

Tableau 3. Rapports familiaux

		F	p	t	p	Cohen-*d*
Engagement familial		4.092	0.003	-3937	0.000	0.771
Communication	Communication des sentiments entre parents et enfants	3.997	0.008	-3.789	0.000	0.665
	Communication de normes	2.978	0.05	-	0.04	0.445

	familiales concernant la consommation d'alcool et de drogues		6	2.07 7	2	
Satisfaction familiale (ESFA)		3.672	0.015	-2.418	0.022	0.743
Rapports entre les parents[14]		6.605	0.000	-2.240	0.033	0.561
Organisation familiale	Organisation des réunions familiales	5.365	0.001	-3.579	0.001	0.653
	Temps pour développer des rapports positifs entre parents et enfants	5.766	0.001	-3.941	0.000	-

En ce qui concerne les **relations familiales** (tableau 3), les valeurs observées dans l'analyse de 2008 montrent que la comparaison prétest et posttest des GE marque des améliorations considérables dans l'engagement familial (t = -3937 p = 0,000), la communication (t = -3789 p = 0,000) et l'établissement des normes (t = -2.077 p = 0,042), la satisfaction familiale (t = -2418 p = 0,022), l'organisation (t = -3579 p = 0,001) et les rapports entre parents et enfants (t = -2.240 p = 0,033). Dans la communication, il faut faire la distinction entre l'expression des sentiments entre parents et enfants qui expérimentent des changements positifs très importants par rapport à la situation précédente et la communication des normes et des valeurs, y compris celles concernant la consommation de drogues et d'alcool. Sur ce point, le niveau de satisfaction de la famille croît également de même que la conscience de groupe (sentiment de famille). Finalement, l'organisation familiale est améliorée dans plusieurs aspects clés : les réunions familiales (qui étaient auparavant inexistantes ou presque) et le temps positif que les parents passent avec leurs enfants.

L'analyse révèle aussi qu'il n'y a pas de grandes différences entre les évolutions vécues par les familles issues des différents services, mais que,

---

[14] Thurstone-type scale (BASC), également confirmé par les affirmations des enfants.

au contraire, les différences entre les GE et les GC et entre les analyses prétest et posttest sont notables, indiquant de façon très claire les effets positifs de la participation au programme. L'analyse longitudinale de 2012 montre une croissance importante des valeurs à la fin du programme ainsi que la continuité des changements positifs chez les familles du GE par rapport aux familles du GC, surtout en ce qui concerne la relation entre les parents, la communication entre les parents et les enfants (t = -6,08 ; p = 0,000, d = 0,88) et le fait passer des moments agréables ensemble (t = -4,60 p = 0,000).

En ce qui concerne les **habiletés parentales** (tableau 4), leur évaluation est basée sur la capacité des parents à s'engager comme parent et sur leur habileté à résoudre des problèmes qui concernent la famille dans son ensemble. Les résultats ont été évalués dans le champ des compétences parentales, la connaissance des rôles parentaux et la supervision parentale.

Tableau 4. Compétences parentales des parents

		F	p	t	p	Cohen-d
Compétences parentales		7.335	0.000	-5.186	0.000	1,129
Connaissance des rôles parentaux	Usage du *time out* et l'application avec les enfants	7.221	0.000	–4.123	0.000	1,021
	Briser l'habitude de crier	7.643	0.000	3.659	0.019	0.869
Supervision parentale	Développer des systèmes de renforcement (récompenses/punitions)	4.003	0.010	-3.047	0.004	0.741

Plusieurs facteurs ont été analysés et les résultats montrent qu'il y a eu des changements positifs dans la capacité des parents à s'impliquer dans l'exercice de la parentalité et dans l'affrontement des problèmes quotidiens (tableau 4, 5 et 6).

Tableau 5. Compétences parentales observées chez les mères

	F	p	t	p	Cohen-d
Faire que les enfants s'impliquent dans les tâches ménagères	5.193	0.001	-2.33	0.026	0.495

	F	p	t	p	Cohen-d
Limiter le temps au cours duquel les enfants regardent la télévision	11.002	0.000	-3.438	0.002	0.898
Parler de règles, de normes, de ce qui est autorisé et non autorisé, etc.	4.782	0.001	-2.981	0.005	0.593
Donner des instructions claires	3.661	0.011	-2.869	0.007	0.884

Tableau 6. Compétences parentales observées chez les pères

	F	p	t	p	Cohen-d
Reconnaissance du bon comportement	2.678	0.045	72.908	0.006	0.772
Vanter les bons comportements	4.909	0.007	72.670	0.012	0.664
Aider les enfants avec les devoirs scolaires	5.680	0.001	73.059	0.004	0.820

Les participants montrent aussi une meilleure connaissance de leurs capacités comme parents et une amélioration de leur capacité à imposer de façon efficace des règles et des punitions lorsque cela s'avère nécessaire. En ce qui concerne le niveau de connaissance des parents des actions des enfants, leur capacité à contrôler leurs activités et les rapports sociaux qu'ils nouent aident à mettre en œuvre des systèmes de renforcement. Les résultats montrent des changements très positifs, notablement visibles dans la décroissance des prix et des récompenses basés sur le matériel (argent et autres biens).

L'analyse des résultats des premières applications (jusqu'à 2008) avait montré que, sur plusieurs points, les changements dans les capacités parentales s'avèrent plus importants chez les mères que chez les pères (Orte, Touza et Ballester, 2007). Cependant, lorsque l'on prend en compte dans les mesures le fait que les mères jouent un rôle plus important dans l'éducation des enfants et dans l'organisation domestique, on observe que les changements les plus positifs dans les dynamiques parentales se trouvent en réalité chez les pères (tableaux 5 et 6). Ainsi, les analyses de 2008 laissent apparaître des changements positifs chez les pères dans certains facteurs clés qui constituent une amélioration de leurs capacités dans l'exercice de la parentalité : vanter les bons comportements des enfants (F = 4.909 p = 0,007)(t = 72.670 p = 0,012), reconnaître leurs bons comportements (F = 2.678 p = 0.045)(t = 72.908 p=0.006), aider les enfants dans les tâches scolaires (F=5.680 p=0.001)(t=73.059 p = 0.004), tandis que les valeurs averées par les mères étaient déjà assez élevées (Orte, Touza et Ballester, 2007). Cependant, l'étude longitudinale de 2012 montre que, même si les effets de la participation au programme sont assez importants en ce qui concerne les facteurs relatifs aux habiletés parentales (t = -3,07 p = 0,000) et aux rapports entre les parents et les enfants (t = 4,94 p = 0,000), certaines conditions sociales et dynamiques familiales (divorce, cohabitation, niveau éducatif, patrons éducatifs appris, etc.) ont pu limiter les changements positifs dans les rapports familiaux. Cela fait qu'une partie des familles participantes montre des changements faibles – mais positifs – dans des variables telles que la cohésion familiale (t = 6,48, p = 0,000 d = 0,66) et l'organisation familiale (d = 0,28) (Orte *et al*, 2012a). Néanmoins, les résultats de l'analyse longitudinale montrent des améliorations très importantes dans les habiletés parentales (t = -3,07 p = 0,000) et, surtout, dans l'exercice de la parentalité positive avec des résultats très positifs (t = -6,49 p = 0,000) et des effets très notables (d = 0,93).

Les facteurs analysés en 2008 concernant les comportements et les **habiletés sociales des enfants** (tableau 7) ont été mesurés sur la base de la comparaison des réponses des enfants, des parents et des professeurs, à partir de divers instruments (BASC-professeur, questionnaires Kumpfer et BASC-p et BASC-h), toujours dans les groupes expérimentaux et de contrôle et dans les prétests et les posttests.

Tableau 7. Comportement des enfants (échelle BASC) Enfants

		F	p	t	p	Cohen-d
Habiletés d'adaptation	*Rapporté par les professeurs*	*3.559*	*0.014*	*-1.998*	*0.50*	*0.501*
	Rapporté par les parents	*3.455*	*0.011*	*-2.063*	*0.050*	*0.544*
Capacité de concentration		6.667	0.000	-4.742	0.000	1.001
Capacité de limiter les distractions		3.72	0.014	2.830	0.006	0.811
Agressivité comprenant agressivité voilée : déranger ou se disputer avec d'autres enfants, se disputer avec des adultes, etc.		3.178	0.023	3.928	0.000	0.722
Se disputer avec les parents		4.037	0.009	3.114	0.004	0.7288
Comportements impulsifs (SR[15])		5.893	0.001	3.379	0.002	0.655
Dire des mensonges aux parents et aux professeurs (SR)		10.551	0.000	3.699	0.001	0.884
Casser des objets		3.668	0.017	3.374	0.002	0.701
Démission		4.330	0.007	2.141	0.039	0.663

Ce croisement a permis d'observer des changements positifs par rapport à la situation initiale ainsi que des différences dans les façons de vivre ces changements. Ainsi, on a observé une réduction considérable de l'agressivité et des problèmes de comportement, même si les changements ont été beaucoup plus importants en ce qui a trait à l'agressivité cachée; celle qui est visible dans des comportements tels que l'incitation des autres à la violence et d'autres comportements visant à faire du mal aux autres (F=3.178 p=0,023)(t=3928 p=0,000). Si on prend en compte le fait que les enfants des familles participantes ne présentaient pas de problèmes de comportement importants, on peut considérer que des améliorations dans l'agressivité cachée sont plus significatives que dans l'agressivité ouverte en ce qui concerne l'environnement familial (Orte, *et al.*, 2007, Orte *et al.*, 2012a). Les résultats montrent une amélioration dans les attitudes des enfants face à certaines situations sociales, faisant preuve d'attitudes plus assertives et moins timides ainsi qu'une réduction des attitudes de renfermement sur soi et une meilleure disposition à affronter les problèmes. L'amélioration de l'agressivité et de la capacité de concentration des

---

[15] SR : Rapportés par les enfants

enfants témoigne aussi de meilleures habiletés de contrôle de soi, visibles également dans la baisse des comportements impulsifs et des problèmes issus de modèles de communication négatifs (crier, dire des mensonges, ne pas se faire comprendre). Les résultats annoncent une plus grande capacité à résoudre des situations de conflit et à établir des limites de façon claire. Les tests mesurant la dépression (tableau 8) donnent comme résultat une visible réduction des symptômes, jusqu'à la disparition de comportements comme les pleurs ou les difficultés à dormir.

Tableau 8. Symptômes de dépression (SR) Enfants

	F	p	t	p	Cohen-d
Crises de pleurs à la maison	6.449	0.000	6.635	0.000	1.009
Problèmes de sommeil (dont cauchemars)	5.111	0.002	-2.405	0.021	0.499
Estime de soi (BASC-h)	5.001	0.002	-2.469	0.022	0.501
Sentiment de vulnérabilité (BASC-h)	4.022	0.040	1.875	0.05	0.456

C'est dans l'évaluation des facteurs concernant les **compétences sociales des enfants** que les changements des comportements préprogramme et postprogramme dans les GE ont été les plus évidents dans toutes les analyses (2008-2012). Les compétences sociales des enfants ont connu une amélioration significative, démontrée par de meilleures habiletés de communication et une plus grande capacité à se soustraire à la pression des pairs ou à reconnaître ses propres émotions et celles d'autrui. Ceci renforce la capacité des enfants à s'adapter aux situations quotidiennes.

Tableau 9. Habiletés sociales (BASC-p) Enfants

	F	p	t	p	Cohen-d
Globales	3.993	0.002	−2.936	0.006	0.844
Habiletés d'adaptation (BASC-professeur)	4.001	0.008	-1.998	0.05	0.466

Travail à l'école   3.676   0.035   -2.087   0.041   0.459

En ce qui concerne les capacités d'adaptation à l'école (tableau 9), des changements positifs ont aussi été observés, même si, en début du programme, les résultats n'étaient déjà pas mauvais. On a remarqué une plus grande acceptation de l'école de la part des enfants[16], confirmée par l'analyse des questionnaires remplis par les professeurs et les parents. On peut également souligner que c'est encore dans les habiletés sociales (tableau 10) que les capacités des enfants ont connu les changements les plus positifs, visibles dans des aspects comme la capacité à se faire de nouveaux amis, la capacité à résoudre des problèmes et à en parler avec des adultes, à se faire comprendre et à être plus empathique.

Tableau 10. Connaissance de soi et de l'autre (maîtrise des relations) Enfants

	F	p	t	p	Cohen-d
Habileté pour se faire des nouveaux amis	4.522	0.022	–4.983	0.000	0.878
Trouver des solutions aux problèmes	4.992	0.004	–4.907	0.000	0.733
Exprimer l'opinion et faire des critiques de façon positive	5.980	0.001	–4.166	0.000	0.833
Parler avec les adultes	4.566	0.014	–3.803	0.001	0.550
Se faire comprendre	3.396	0.017	–2.120	0.041	0.622
Comprendre les sentiments des autres	7.553	0.000	–5.467	0.000	1.193

Discussion

Les résultats des applications du programme et le témoignage de la littérature scientifique sur les programmes de prévention montrent l'efficacité d'un modèle d'intervention familiale comme le SFP-Espagne. L'approche familiale de ce modèle puise sa force dans sa structure à plusieurs volets, par rapport à d'autres programmes basés sur l'école ou la communauté (Bröning *et al.*, 2012). L'intégration des parents et des enfants

---

[16] Taille élevée des effets : 0.82-0.84 dans l'analyse de 2012.

dans des programmes structurés autour de la combinaison de séances individuelles et de séances mixtes donnerait ainsi de meilleurs résultats, aussi bien dans la prévention de la consommation de substances psychoactives que dans la gestion des problèmes, des comportements négatifs et de l'interaction familiale. De plus, la flexibilité, qui permet de s'adapter aux contextes culturels et sociaux, est un autre avantage des programmes qui visent l'amélioration des compétences familiales. Les résultats avérés du SFP-Espagne ainsi que d'autres adaptations européennes prouvent l'efficacité de ce programme avec n'importe quelle population.

Dans le cas spécifique du SFP-Espagne, le programme montre de bons résultats, stables, et de bonnes qualités, avec des familles dans des situations de difficulté différentes tout au long du temps et un niveau de maintien des effets considérable. Toutefois, les applications et les résultats de l'analyse longitudinale montrent le besoin de corriger certaines limitations, dont celui de disposer des groupes (GE et GC) plus nombreux pour pouvoir réaliser des analyses qui permettent de généraliser les résultats et de confirmer l'efficacité du programme. L'incorporation de techniques de suivi plus efficaces, le maintien plus régulier du contact avec les familles, le rafraîchissement des contenus et une sélection des familles plus affinée sont des stratégies qui pourraient nous permettre de surpasser ces limitations.

Le SFP-Espagne a montré son efficacité en ce qui concerne l'engagement des participants au long des 14 semaines du programme et en ce qui concerne les résultats positifs dans la plupart des facteurs considérés. On a dénoté une diminution des comportements problématiques chez les enfants et l'amélioration des capacités d'exercice de la parentalité positive, ce qui favorise de meilleurs rapports entre les parents et les enfants, davantage de communication et une plus grande supervision de la part des parents.

L'analyse longitudinale montre que la continuité des effets de la participation au programme a été plus modérée dans certains facteurs (tels que la conflictualité à l'école et les résultats scolaires), avec de très faibles différences entre les GE et les GC. Cependant, elle met également en évidence des changements très significatifs dans d'autres facteurs, tels que les habiletés sociales des enfants des GE (par rapport aux GC qui montrent des valeurs plus basses). En tout cas, l'analyse longitudinale, à travers l'analyse comparative des questionnaires BASC aux parents et aux enfants, montre la continuité des changements positifs obtenus lors de la participation au programme, surtout en ce qui concerne des facteurs comme les symptômes de dépression et d'anxiété chez les enfants des familles du PH et les attitudes négatives envers les professeurs, le niveau de stress, les rapports interpersonnels et les symptômes de dépression et de stress chez les familles des SS.

Malgré les résultats positifs, l'analyse longitudinale a permis de détecter certaines limitations et de poser des questions qui mènent à une révision méthodologique. D'abord, le bas taux de participation des groupes-témoins (36 familles, réduites à 26 à la fin du processus) et sa maintenance dans le suivi font que les résultats de la comparaison ne sont pas tout à fait concluants par rapport aux différences avec les GE. Dans le cas des familles de PH, la participation dans les programmes de l'institution a fait que les résultats dans toutes les variables analysées avec les familles participantes aux SFP-Espagne sont semblables. En ce que concerne les familles de SS, les conditions sociales (niveaux éducatifs, dynamique familiale, modèles de parentalité, etc.) peuvent avoir limité les changements par rapport aux relations familiales et aux habiletés parentales.

Même si l'influence du programme s'est avérée importante sur toutes les variables analysées et sur le maintien des effets, il faudrait encore des études de longue durée qui permettent de voir quels sont les effets réels dans les familles à travers du temps. Il faudrait également vérifier le processus d'adaptation et de réponse du programme aux changements progressifs des familles. À partir de là, il serait possible de mesurer le besoin de développer ou de renforcer les instruments d'intervention.

Conclusion

Les recherches ont largement démontré que les enfants des familles affectées par des dépendances ont un plus haut risque de consommer eux-mêmes des substances psychoactives ou de développer d'autres désordres émotionnels, mentaux, académiques, de comportement et d'autres problèmes sociaux (Bröning *et al.*, 2012, Kumpfer et Johnson, 2007). En outre, les problèmes de dépendance dans la famille se transmettent en grande partie aux générations suivantes, à travers les processus cognitifs et comportementaux du modelage.

La prévention des dépendances chez les enfants et les adolescents à travers la promotion des facteurs de protection et la réduction des facteurs de risque des modèles de comportement problématiques s'avère l'approche la plus efficace (Brown *et al.*, 2001; Navarro, 2000). Celle-ci permet non seulement de prévenir la consommation abusive d'alcool et de drogues, mais aussi les troubles mentaux et les comportements antisociaux.

Dans ce sens, l'intervention précoce dans l'ensemble familial – à partir du travail des compétences familiales – est un modèle d'intervention qui donne de très bons résultats dans la réduction des risques (Kumpfer et Johnson, 2007). Dans le contexte des familles ayant des problématiques de consommation, le travail des facteurs clés de la compétence familiale (rapports familiaux positifs, supervision du comportement des enfants, communication des valeurs, discipline, attentes positives, etc.) entraîne des synergies qui renforcent les facteurs de protection (Orte *et al.*, 2012).

L'adaptation espagnole du *Strenthening Families Program* (SFP) (Kumpfer et DeMarsh, 1985 ; De Marsh, Kumpfer et Child, 1989) vise la prévention et la réduction de la consommation d'alcool et de drogues chez les enfants et chez les adolescents à travers l'application de techniques de changement des comportements basées sur les théories de l'apprentissage social cognitif (Kumpfer , Xie, O'Driscoll, 2012). Rapporté comme l'un des programmes qui a donné les meilleurs résultats dans l'ensemble des programmes de préventions des dépendances (Foxcroft *et al.*, 2003, Foxcroft *et al.*, 2012), il incorpore des avancées significatives dans le domaine de l'épidémiologie et de la psychologie .

Les évaluations du SFP-Espagne portant sur les différentes applications du programme depuis 2006 ont montré des résultats très positifs dans la prévention chez les adolescents de l'accès précoce aux drogues et à l'alcool ainsi que des comportements à risque associés à la consommation. Cela a aussi permis d'identifier les éléments du programme les plus efficaces pour renforcer les capacités parentales et les liens familiaux qui protègent au mieux le développement des plus petits. D'ailleurs, son approche intégrale et à composantes multiples (*multicomponent*), qui cible la famille comme unité, possède une base théorique qui est largement acceptée et avérée.

Les résultats positifs obtenus dans les contrôles, les évaluations finales et l'analyse longitudinale posent sur la table le besoin d'intégrer des programmes de prévention focalisés sur la famille dans les processus standard des institutions thérapeutiques et des services sociaux locaux. Or, il faut encore de nouvelles implémentations, des révisions méthodologiques et des analyses longitudinales pour surmonter les limitations rapportées et pour évoluer vers une plus grande effectivité des programmes.

Références bibliographiques

Amer, J., 2011, "Educación y sociedad turística en Baleares. Las políticas públicas educativas ante el impacto de la economia de servicios turísticos en el abandono escolar" *Investigaciones Turísticas*, 2:66-81.

Allen, D., Coombes, L., Marsh, M. and Foxcroft, D, 2006, Cultural accomodation of the Strengthening Families Programme 10-14: UK Phase I study. Health Education Research Advance Access. Oxford University Press.

Allen, D., Coombes, L., Marsh, M. and Foxcroft, D., 2009, "Implementation of the SFP 10-14 in Barnsley: The perspectives of Facilitators and Families", dans D. Little, TD., Bovaird, JA., Card, NA. *Modeling Contextual Effects in Longitudinal Studies* Psychology Press.

Barraca, J., and L. López-Yarta. 2003. ESFA. Escala de Satisfacción familiar por adjetivos. Madrid: TEA Ediciones.

Brown, T.N., Schulenberg, J., Bachman,J.G., O'Malley, P.M. and Johnston, L.D., 2001, "Are risk and protective factors for substance use consistent across historial time? National data from the high school classes of 1976 through 1997". *Prevention Science*, 2, 29-43.

Bröning S., Kumpfer K., Kruse K., Sack PM., Schaunig-Busch I., Ruths S., Moesgen D., Pflug, E., Klein M., and Thomasius R., 2012, "Selective prevention programs for children from substance-affected families: a comprehensive systematic review". *Substance Abuse Treatment, Prevention, and Policy*, 7:23http://www.substanceabusepolicy.com/content/pdf/1747-597X-7-23.pdf

Biglan, A., Mrazek, P. J., Carnine, D., and Flay, B. R., 2003, "The integration of research and practice in the prevention of youth problem behaviors". *American Psychologist*, 58 (6/7), 433-440.

Chassin L, Pitts SC, DeLucia C, Todd M., 1999, WA longitudinal study of children of alcoholics: Predicting young adult substance use disorders, anxiety, and depression. *J Abnorm Psychol"*, 108:106–119.

Chassin, L., Carle, A., Nissim-Sabat, D. y Kumpfer, K., 2004, "Fostering resilience in children of alcoholic parents". En K.I. Maton (ed.), *Investing in children, youth, families and communities: Strenght-based research and policy*. Washington, DC: APA Books.

Currie, C., Gabhainn, S. N., Godeau, E., Roberts, C., Smith, R., and Currie, D., et al., 2008, *Inequalities in young people's health: Health behaviour in school-aged children (HBSC) international report from the 2005/2006 survey*. Copenhagen: WHO Regional Office for Europe. Retrieved December 20, 2012 dans http://www.euro.who.int/en/what-we-do/health-topics/Life-stages/child-and-adolescent-health/publications2/2011/inequalities-in-young-peoples-health.

Dunst,C., Trivette, C. and Hamby D., 2007, "Meta-analysis of family-centered helpgiving practices research". *Mental retardation and developmental disabilities research reviews*. 13.

Ellis DA, Zucker RA, Fitzgerald HE., 1997, "The role of family influences in development and risk" *Alcohol Health Res World*, 21(3)**:**218–226.

Espada, J.P. y Méndez,F.X., 2002, "Intervención familiar en la prevención del abuso de drogas". dans J.R. Ferández-Hermida y R. Secades (coords.), *Intervención familiar en la prevención de las drogodependencias* (pp. 201-227). Madrid: Plan Nacional de Drogas.

EMCDDA, 2007. Rapport Annuel. État du phénomène de la drogue en Europe. Observatoire européen des drogues et des toxicomanies.

EMCDDA, 2012, "North American drug prevention programmes: are they feasible in European cultures and contexts?", Publications Office of the European Union, Luxembourg.

Foxcroft, D. R., Ireland, D., Lister-Sharp, D. J., Lowe, G., and Breen, R., 2003, "Longer-term primary prevention for alcohol misuse in young people: A systematic review". *Addiction*, 98, 397-411.

Foxcroft, D.R., Tsertsvadze, A., 2012, "Universal alcohol misuse prevention programmes for children and adolescents: Cochrane systematic reviews". *Perspectives in Public Health* 132: 128.

Hartig, U. Séance : Stratégie de prévention : adoption des prestations d'intervention relatives aux pratiques parentales. Colloque MILDT « *Drogues, alcool, tabac chez les 11-14 ans : en savoir plus pour mieux prévenir* » - Paris, 3 et 4 avril 2012.

Kumpfer, K., Molgaard, V. and Spoth, D., 1995, "The strengthening families program for the prevention of delinquency and drug use," pages 241-267. Childhood Disorders, Substance Abuse and Delinquency: Prevention and Early Intervention Approaches, by R. Peeters and R. McMahon, Sage Publications, Newberg, CA.

Kumpfer K, Alvarado R, Whiteside HO., 2003, "Family-based interventions for substance abuse prevention". *Subst Use Misuse*, 38 (11–13):1759–1789.

Kumpfer, K. & Johnson, J.L., 2007, "Intervenciones de fortalecimiento familiar para la prevención del consumo de sustancias en hijos de padres adictos". *Adicciones*, 19 (1), 13-25.

Kumpfer, K., Johnson, J., 2007, "Strengthening Family interventions for the Prevention of Substance Abuse in Cyhildren of Addicted Parents". *Adicciones*, vol. 19 number 1.

Kumpfer, K.L., Pinyuchon, M., de Melo, A., & Whiteside, H., 2008, "Cultural adaptation process for international dissemination of the Strengthening Families Program (SFP"). *Evaluation and Health Professions*. 33 (2), 226-239.

Kumpfer. K. Magalhaes, C., Xie, J., 2012, "Cultural adaptations of evidence-based framily interventions to strengthen famílies and improve children's developmental outcomes". European Journal of Developmental Psychology. 9:1, 104-116.

Lisha,N., Ping, S., Rohrbach,L., Spruijt-Metz,D., Unger,J., Sussman, S.,

2012, "An Evaluation of Immediate Outcomes and Fidelity of a Drug Abuse Prevention Program in Continuation High Schools: Project Towards No Drug Abuse (TND)". *Journal of Drug Education*, 42, 1, 33-57.

Maguin E, Safyer T., 2003, "The impact of a family-based alcohol prevention program on children's externalizing behavior problems". *Alcohol Clin Exp Res* 2003, 27 (72A):401 Beaudoin, 1996.

Moreno, J.M., 2002, "Estudio sobre las variables que intervienen en el abandono físico o negligencia infantil". *Anales de psicología*. 18, 1: 135-150.

Navarro, J., 2000. *Factores de riesgo y protección de carácter social relacionados con el consumo de drogas*. Madrid: Plan Municipal contra las drogas. Ayuntamiento de Madrid.

Nation, M., Kumpfer, K.L., Crusto, C.A., Wandersman, A., Seybolt, D. Morrissey-Kane, E. and Davino, K., 2003,. "What works in prevention: Principles of effective prevention programs". *American Psychologist*, 58 (6/7): 449-456.

Observatorio Europeo de las drogas y las Toxicomanías (OEdT), 2012, *El problema de la drogodependencia en Europa*. Luxemburgo: Oficina de publicaciones de la Unión Europea.

Okulicz-Kozaryn and Foxcroft, 2012, Effectiveness of the Strengthening Families Programme 10–14 in Poland for the prevention of alcohol and drug misuse: protocol for a randomized controlled trial. BMC Public Health 12:319.

Orte, C., 2005, "Una investigación educativa sobre un programa de competencia" familiar. *Anuari de l'Educació de les Illes Balears*. Universitat de les Illes Balears.

Orte C., Touza, C., Ballester, L., 2007, "Análisis del grado de fidelidad en la ejecución de un programa de competencia familiar". *Pedagogía social. Revista interuniversitaria* http://www.uned.es/pedagogiasocial.revistainteruniversitaria/pdfs/02%20-%2014/06_orte.pdf

Orte, C., Touza,C., Ballester,L., March, M., 2008, "Children of drug-dependent parents: prevention programme outcomes". *Educational*

Research. 50 (3) 249-260.

Orte, C. y GIFES (March, M.X., Ballester, L., Oliver, J.L., Pascual, B., Fernández, C., 2010, "Prevención familiar del consumo de drogas y de otras conductas problema en los hijos e hijas. Resultados de la aplicación del programa de competencia familiar en siete centros de la Asociación Proyecto Hombre". *Proyecto. Revista de la Confederación Proyecto Hombre*, 18-25. Disponible en Internet en: http://www.proyectohombre.es

Orte,C., Ballester,L. March,M., 2012a, "El enfoque de la competencia familiar. Una experiencia de trabajo socioeducativo con familias". *Pedagogía social. Revista interuniversitaria.* 21, 3-27.

Orte, C (dir), 2012b, Analisis de la eficacia a largo plazo de un programa de prevencion de problemas de conducta y consumo de drogas: el programa de competencia familiar. Informe sobre los resultados obtenidos. UIB

Orte, C., Amer, J., Pascual, B., Vaqué., 2012c, "La perspectiva de los profesionales en la evaluación de un programa de intervención socioeducativa en familias" *Revista de Predagogía Social. Revista Interuniversitaria.*
http://www.upo.es/revistas/index.php/pedagogia_social/article/view/360
Universidad Pablo de Olavida. Madrid.

Orte, C., Ballester, L. y March, M.X., 2013, Evaluating change in families. The results of the Spanish adaptation of the Strengthening Family Program (SFP) (en processus).

GIFES. Programas eficaces de intervención socioeducativa con familias (Manuscrit non publié).

Ortega, E., Giannotta, F., Latina, D., Ciairano, S., 2012, "Cultural Adaptation of the Strengthening Families Program 10–14 to Italian Families". *Child Youth Care Forum*, 41, 197–212.

Otten R, van der Zwaluw CS, van der Vorst H, Engels RCME, 2008, "Partner effects and bidirectional parent–child effects in family alcohol use". *Eur Addiction Res*, **14**:106-112.

Pittman, F., 1987, *Turning points: Treating families in transition and crisis.* Nueva York.

Reynolds, C. R., & Kamphaus, R. W. (2004). Behavior assessment system for children (2nd ed.). Circle Pines, MN: American Guidance Service.

Rohrbach, L. A., Dent, C. W., Skara, S., Sun, P., and Sussman, S., 2007, "Fidelity of implementation in Project Towards No Drug Abuse (TND): A comparison of classroom teachers and program specialists". *Prevention Science*, 8, 125-132.

Spoth, R. and Molgaard, V. K., 1993, "Consumer-focused data collection in prevention program evaluation: Rationale and illustrations". *Evaluation & The Health Professions,* 16, 278-294.

Spoth, R.L. and Molgaard, V., 1999, "Project Family: A Partnership Integrating Research with the Practice of Promoting Family and Youth Competencies." In T.R. Chibucos & R. Lerner (Eds.), *Serving Children and Families Through Community-University Partnerships: Success Stories*, (pp. 127-137). Boston: Kluwer Academic.

Tobler, N.S. y Kumpfer, K.L., 2000, *Meta-analysis of effectiveness of family-focused substance abuse prevention programs*. Rockville, MD: Center for Substance Abuse Prevention.

Frances Ruiz Alfaro "Evaluación del Instrumento" *Behavior Assessment System for Children,, Second Edition* (BASC-2) http://cmpvip.uprrp.edu/Trabajo%20estudiantes/Evaluacion%20del%20Instrumento%20BASC2%20-%20Frances%20Ruiz.pdf

4. LES PROGRAMMES DE COMPÉTENCE FAMILIALE DANS LES SERVICES DE PROTECTION DES MINEURS DE LA COMMUNAUTÉ AUTONOME DES ÎLES BALÉARES.

Ballester, L., Orte, C. ; Oliver, J. L.

Introduction

Nous considérons qu'il existe actuellement un consensus suffisant sur la nécessité de protéger les mineurs en centrant les interventions sur les contextes dans lesquels ces derniers évoluent. La prévention et une configuration adéquate de ces contextes basée sur la prise en considération des besoins des enfants éviteront, dans le futur, le développement de comportements-problèmes. Il existe une grande majorité de personnes qui considèrent que les actions préventives dans ce domaine sont plus efficaces et effectives que les actions basées uniquement sur le traitement (Lundahl, Nimer y Parsons; 2006). Ces comportements-problèmes sont source de souffrance et d'inadaptation sociale, et ils représentent, par surcroît, un coût économique considérable du fait que les ressources qui sont destinées à y répondre sont parfois de type résidentiel total exigeant une attention continue 24 heures sur 24. Il y a également consensus au sein de la communauté scientifique sur le fait que la famille constitue le contexte principal quant à la prévention de futures comportements-problèmes, d'où l'on en déduit que ce devrait être le collectif à prioriser si l'on veut éviter que diverses problématiques sociales n'apparaissent plus tard sous la forme d'une symptomatologie diverse.

Les services de protection des mineurs n'interviennent que lorsqu'il existe une situation considérée comme préjudiciable vis-à-vis de l'intérêt du mineur. En Espagne, ces actions sont mises en oeuvre à partir de différentes approches, à savoir, l'approche juridico-administrative, socio-assistancielle, de la santé et du bien-être social, psycho-thérapeutique et socio-éducative. La législation espagnole reconnaît deux degrés de vulnérabilité, chacun d'eux exigeant un type d'intervention différent. Nous nous référons aux déclarations de risque ou de détresse. Cette loi vise précisément à intervenir de façon précoce et, par conséquent, préventive, lorsque la situation de l'enfant ne revêt pas un caractère de gravité qui impliquerait son éloignement du contexte familiale.

Il s'avère que cette approche, qui nous paraît excellente d'un point de vue formel du fait qu'elle donne la possibilité aux pouvoirs publics d'intervenir de façon précoce et donc préventive et ainsi les y oblige, n'a connu dans la pratique qu'un développement réduit.

De notre point de vue, le motif est double: d'une part, parce qu'au départ, les stratégies d'intervention sur le risque ne disposaient pas de l'information relative aux antécédents des mineurs transmise par le service de protection des mineurs, lesquels se limitaient, jusqu'à la date de promulgation de ladite loi, à appliquer des mesures à caractère essentiellement résidentiel sur la base des déclarations d'abandon dictées par la loi 21/1987, ce qui explique que cette possibilité d'action préalable aux mauvais traitements ne figurait pas au protocole des services de protection des mineurs de création récente. D'autre part, la loi de 1996[17] préconisait la mise en place de programmes de préservation familiale visant à améliorer les capacités et les compétences parentales des familles déclarées à risque. Cette tâche était attribuée, bien que de façon peu

---

[17] Loi organique 1/1996 de protection juridique du mineur

explicite, aux services sociaux les plus proches qui sont, bien entendu, les services municipaux de soins primaires. Il convient de souligner que le système public de services sociaux, qui est celui que l'on connaît encore à l'heure actuelle, fut mis en place dans les années 80, et que dix ans s'étaient écoulés depuis son implantation à un niveau basique lorsque la loi 1/1996 sur la protection juridique du mineur fut promulguée.

Nous avons mentionné précédemment (Oliver, 2002) certaines particularités de ce modèle et évoqué comment l'approche socio-éducative de l'intervention des services sociaux a été partiellement laissée de côté dans la conception dudit modèle.

Nous nous trouvons donc actuellement dans un cadre légal permettant d'envisager plusieurs possibilités mais face à une réalité dans laquelle les programmes de préservation familiale ne sont encore que faiblement implantés dans le quotidien des différents services compétents en matière d'accueil et de protection de l'enfance et de la famille.

En Espagne, il est rare qu'un programme fondé sur des paramètres scientifiques rigoureux et basé sur des évidences puisse être appliqué dans des contextes contrôlés, avec une évaluation préalable, simultanée et postérieure, qui permette de déterminer son efficacité et la corrélation de celle-ci avec les variables qui composent la structure du programme (Bartau et de la Caba, 2009).

C'est ainsi que nous avons pu réaliser, dans ce contexte, deux applications du programme destiné aider à la préservation de la famille et/ou à la réunification familiale. Nous nous référons au Programme de Compétence Familiale (dorénavant PCF). Les deux implantations se sont déroulées durant les années 2010 et 2011. L'objectif du programme était d'obtenir des résultats positifs et d'amélioration de la capacité et de la compétence des parents par rapport à l'éducation de leurs enfants ainsi que l'amélioration du climat familial.

Nécessité de concevoir des programmes de compétence familiale dans des contextes de protection des mineurs. Données concernant l'incidence et la prévalence de cas en matière de protection des mineurs en Espagne et aux Baléares.

En Espagne, les compétences en matière de protection des mineurs ont été transférées aux communautés autonomes, à l'exception des provinces d'Álava et de Guipuzcoa où elles dépendent de leurs communautés forales respectives, des Iles Canaries où elles sont attribuées aux conseils insulaires de Las Palmas et de Tenerife, et des Îles Baléares où ce sont les conseils insulaires de Majorque, Minorque et Ibiza qui sont compétents en la matière.

Les statistiques nationales concernant la protection de l'enfance sont généralement publiées avec quelques années de retard. Les données les plus récentes dont nous disposons concernent l'année 2011. À cette époque, il y avait au total en Espagne

41 236 mineurs qui bénéficiaient d'une mesure de protection, soit 499,7 sur cent mille. (MAS, 2013).

Bien que les données fournies soient incomplètes et qu'elles se basent sur les notifications (Observatoire de l'enfance, 2011), nous pouvons constater qu'il existe dans **5000** cas des familles en situation de risque qui, de manière potentielle, devraient assister à des programmes de compétence parentale. Elles présentent toutes des situations de maltraitance de type léger ou modéré qui, de l'avis des différentes administrations, n'a pas motivé l'éloignement du mineur du foyer familial. Il est manifeste et surprenant à la fois que dans le cas de la communauté autonome des Îles

Baléares, les valeurs assumées soient les plus élevées de l'État espagnol, dépassant des communautés beaucoup plus peuplées.

Profil des familles et situations auxquelles peuvent s'adresser les programmes de compétence familiale

Le programme de compétence familiale peut être un programme qui convient parfaitement à des situations déterminées relevant du domaine de la protection des mineurs. Un facteur commun à toutes ces situations est la nécessité d'améliorer de façon substantielle la compétence parentale des familles concernées. Il s'agit là d'une nécessité qui, à notre avis, ne peut être satisfaite que dans un contexte réel. En effet, une des caractéristiques propres à cette nécessité est celle de la vie commune obligée entre parents et enfants. Les apprentissages ne peuvent pas être appliqués s'il n'y a pas de vie commune, sinon ces apprentissages pourront difficilement se généraliser et améliorer de cette façon le contexte familial. Il s'agit, bien entendu, d'une condition qui, dans un certain nombre de familles prises en charge par les services de protection des mineurs, n'est pas remplie. Ces familles devraient être prises en charge dans le cadre de programmes possédant des caractéristiques différentes, tout au moins dans la phase initiale, avant d'envisager une réinsertion familiale. Ceci constitue un des principaux défis des services de protection des mineurs dont la tâche est de déterminer quel est le potentiel de "récupérabilité" des familles afin de pouvoir ainsi élaborer des plans efficaces et effectifs en ce qui concerne l'avenir de la famille et des enfants.

Nonobstant ce qui vient d'être dit, l'intervention basée sur les programmes de compétence familiale semble offrir des bénéfices dans la plupart des situations de protection des mineurs. C'est ainsi que, même dans le cas de mineurs placés dans des établissements de protection des mineurs, la participation des parents aux programmes de compétence familiale réduit le risque d'abus ou de négligence récurrents (Gershater-Molko, Lutzker y Sherman, 2002; Herbert, 2000) et favorise la réinsertion postérieure du mineur tout en étant, à la fois, un facteur de prévention d'internements futurs (Pinkston y Smith, 1998). MacLeod et Nelson (2000) ont réalisé une méta-analyse de 56 programmes conçus pour promouvoir le bien-être familial et prévenir les mauvais traitements envers les enfants, arrivant à la conclusion qu'il est possible de prévenir la maltraitance infantile et que le bien-être familial peut faire l'objet d'une promotion. En fonction des aspects ci-dessus, la typologie des familles susceptibles d'intervention dans le cadre du Programme de compétence familiale serait la suivante :

a.- Familles déclarées en situation de risque social ayant un dossier ouvert auprès des services de protection des mineurs

Dans tous les cas étudiés, la résidence des enfants est le domicile familial. La caractéristique commune est qu'ils présentent une situation socio-familiale négative qui se distingue par la difficulté ou l'incapacité de la famille à satisfaire certains besoins de leurs enfants et la probabilité que, en cas d'absence d'intervention de la part de professionnels, cette situation puisse empirer et mener jusqu'à la maltraitance active. Nous pensons qu'il s'agit d'un profil familial optimal pour pouvoir bénéficier d'une intervention basée sur l'amélioration de la compétence parentale du fait que les apprentissages inscrits au programme sont pleinement applicables à leur contexte familial.

b.-Familles avec des enfants mineurs placés en institution et en phase active de réinsertion familiale

Il s'agit d'un des cas de figure où une recherche peu étendue sur le sujet a apporté des données positives. Brook, McDonald et Yan (2012) rapportent des effets positifs. C'est ainsi qu'une application récente du *Strengthening Families Program*[18] au Kansas sur une population de caractéristiques semblables, presque la moitié des enfants participant au programme (45%) ont été réinsérés dans leur famille, des résultats significatifs si nous les comparons avec les 27% d'enfants réinsérés appartenant au groupe de contrôle.

Les mineurs, dans ce cas, avaient été séparés de leur famille, mais les facteurs ayant motivé cet éloignement ayant disparu ou diminué en intensité, le service de protection des mineurs a estimé qu'il était possible de réinsérer l'enfant dans son contexte familial. Ces organismes travaillent généralement sur la base de la réinsertion familiale comme objectif ultime dans la grande majorité des cas.

c.- Familles avec des enfants en situation d'accueil familial

Nous sommes persuadés que ce programme peut également être indiqué dans le cas de famille ayant des enfants en famille d'accueil, en particulier lorsque cet accueil a lieu au sein de la famille étendue de l'enfant. Il est évident que le bilan du programme sera différent en fonction du temps écoulé depuis la date initiale d'accueil, du type de relation de l'enfant avec la famille d'accueil et des compétences éducatives de ceux-ci ainsi qu'en fonction d'autres facteurs contextuels susceptibles de conditionner aussi bien l'accueil que les relations entre la famille d'accueil et l'enfant.

d.-Familles avec des enfants en situation d'adoption

---

[18] Version originale du Programme de compétence familiale (PCF) développée par K. Kumpfer.

Dans les premières phases de ces processus, les familles adoptives établissent un type de relation éducative avec l'enfant dont va dépendre en grande mesure la relation affective qui va s'installer. Nous considérons qu'il est important que cette relation repose sur de bonnes pratiques éducatives dès le début. Bien que ce soit plus effectif d'intervenir à ce stade, cela n'exclut pas la possibilité d'intervenir ultérieurement durant le processus d'adoption puisque les caractéristiques du programme le permettent et que le changement est possible lorsque la relation et le climat familial ne sont pas satisfaisants. Cette situation serait en fin de compte très similaire à celle de n'importe quelle autre famille ayant besoin d'améliorer ses compétences familiales.

Il existe un dénominateur commun à tous ces cas qui est celui de la nécessité de modifier certaines lignes d'action de la famille afin de récupérer ou de générer un niveau de compétence suffisant lui permettant de se responsabiliser, avec un minimum de garanties, de l'éducation et de la garde d'un ou plusieurs enfants. Les services de protection des mineurs nécessitent ce type d'intervention qui, dans ce cas, agirait au niveau de la prévention secondaire, pour résoudre de façon satisfaisante certains cas où les enfants devraient retourner à leur domicile d'origine.

Pour élaborer cette typologie des familles susceptibles d'intervention et à la lumière des dispositions de la législation espagnole, nous avons décidé de nous centrer sur la situation des mineurs plus que sur les problématiques de consommation des parents. La question de savoir à quel point les critères d'inclusion habituels dans les programmes de compétence parentale peuvent être adaptés au contexte de protection des mineurs est une question à laquelle il faudra répondre au moyen d'applications contrôlées. Il était jusque là relativement fréquent de relier la problématique de la consommation de substances toxiques (à l'origine de nombreux programmes de compétence familiale) à la nécessité d'appliquer des programmes de prévention concernant la consommation future des enfants de parents consommateurs de ces substances (Brook, McDonald et Yan, 2012; Geeraert, Noorgate, Grietens et Onghena; 2004; Lundhal, Nimer et Parsons; 2009) mais dans ce cas, nous croyons quant à nous que la consommation de substances toxiques n'est qu'une caractéristique de plus qui est présente dans de nombreuses familles (Testa et Smith, 2009). Par ailleurs, bien que la consommation d'alcool et de drogues de la part des parents peut précipiter la maltraitance, il ne s'agit pas, en Espagne, d'un élément susceptible de provoquer l'intervention des services de protection des mineurs, il est plutôt tenu compte des effets que cette consommation ou autres problématiques entraînent par rapport à la satisfaction des besoins des enfants.

Principaux résultats de l'application du PCF dans le contexte des services de protection des mineurs

Les méta-analyses destinées à évaluer les effets des programmes basés sur la compétence familiale dans le contexte des services de protection des mineurs nous permettent d'observer des résultats modérément positifs concernant l'adaptation émotionnelle des parents, leur attitude vis-à-vis de leurs enfants, le comportement des enfants et la diminution des abus et de la négligence (Lundahl, Nimer et Parsons, 2006). Letarte, Normandeau et Allard (2010) arrivent à des conclusions similaires.

En ce qui nous concerne, l'application du PCF nous a permis d'observer des résultats positifs ou modérément positifs dans les domaines énoncés ci-dessous:

Concernant les dynamiques générées, nous avons observé les changements suivants :
1.- lien des familles avec le programme;
2.- complément à d'autres interventions;
3.- début de processus de changement positifs;
4.- changements significatifs au niveau groupal et individuel.

En ce qui concerne les familles et leurs membres, l'application de ce programme dans le contexte de la protection des mineurs a permis d'obtenir les résultats ci-dessous:

- En ce qui concerne les relations familiales, nous avons relevé des changements importants par rapport à 5 facteurs:
    1. Amélioration concernant l'implication familiale (t=-2,341 (p=0,03); Taille de l'effet = 0,75 MOYEN-FORT)
    2. La communication familiale s'améliore sous plusieurs aspects, le plus significatif étant une communication accrue entre parents et enfants (t=-1,919 (p=0,045); Taille de l'effet = 0,68 MOYEN-FORT)
    3. L'amélioration des relations parents-enfants est confirmée par les déclarations des deux côtés (t=-2,170 (p=0,019); Taille de l'effet = 0,67 MOYEN-FORT)
    4. L'organisation familiale s'améliore sous divers aspects tels que l'augmentation des réunions familiales et des changements significatifs dans le temps de relation positive entre parents et enfants (t=-3,638 (p=0,002); Taille de l'effet = 0,82 FORT).
    5. Renforcement de la cohésion familiale. Amélioration de la conscience de groupe et des relations interpersonnelles. Dans les

familles issues du service de protection des mineurs, les difficultés antérieures liées à la vie en commun ont limité ce changement (t=-1,995 (p=0,047); Taille de l'effet = 0,455 MOYEN- FAIBLE)

- En ce qui concerne les habiletés parentales, nous avons observé des changements importants dans le cas de 3 facteurs:
    1. Une évaluation globale des habiletés nécessaires pour un exercice efficace du rôle de père ou de mère nous a permis d'observer des changements positifs (t=- 2,264 (p=0,024); Taille de l'effet = 0,59 MOYEN).
    2. Les changements les plus significatifs dans la parentalité positive apparaissent dans l'amélioration de leur activité parentale sous divers aspects
    (t=- 2,905 (p=0,017); Taille de l'effet = 0,60 MOYEN).
    3. La pratique de la supervision parentale qui constitue un des objectifs du programme et a été travaillée de façon explicite avec les parents (t=-2,284 (p=0,011); Taille de l'effet = 0,67 MOYEN-FORT).

- En ce qui concerne le comportement des enfants, nous avons relevé des changements importants vis-à-vis de 4 facteurs :

1. Baisse de l'agressivité en ce qui concerne les enfants, aussi bien de l'agressivité manifeste (bagarres, discussions avec les adultes ou ennuyer ses pairs) que de l'agressivité dissimulée (t=2,664 (p=0,011); Taille de l'effet = 0,60 MOYEN).
2. Le comportement disruptif, observé en particulier à l'école, diminue. Une partie du travail avec le groupe de enfants vise l'autocontrôle, une

amélioration dans la résolution de conflits, l'établissement de limites claires et la consolidation de types de relation assertifs (t=2,306 (p=0,039); Taille de l'effet = 0,62 MOYEN-FORT)

3. Les symptômes de dépression diminuent. D'autres facteurs associés, tel que l'estime de soi s'améliorent également. Les résultats concernant le facteur appelé "dépression infantile", interprété conformément aux critères énoncés, sont clairs, affichant des valeurs notablement inférieures à celles du prétest (t=3,735 (p=0,002); Taille de l'effet = 0,77 MOYEN –FORT)

4. La capacité de concentration, évaluée au regard d'une série d'aspects, présente une amélioration en terme général (t=-3,292 (p=0,005); Taille de l'effet = 0,81 FORT)

- Changements observés concernant les compétences sociales des enfants (3 changements)

1. Changements dans leurs habiletés sociales (t=-3,101 (p=0,009); Taille de l'effet = 0,70 MOYEN-FORT)
2. Changements dans leurs habiletés adaptatives (par exemple, l'acceptation de l'école) (t=-2,553 (p=0,022); Taille de l'effet = 0,64 MOYEN-FORT)
3. Changements concernant leurs connaissances (t=-3,071 (p=0,006); Taille de l'effet = 0,75 MOYEN-FORT). Nous observons entre autres une amélioration concernant les aspects suivants:

-la capacité à se faire de nouveaux amis;

-la capacité à résoudre des problèmes;

-la capacité à critiquer avec amabilité;

-la capacité à parler avec des adultes;

-la capacité à exprimer ce que l'on veut dire;

-la capacité à comprendre les sentiments des autres.

Les améliorations observées concernant la famille sont en cohérence avec le modèle à partir duquel le programme est mis en oeuvre mais elles sont moins importantes que dans le cas des applications réalisées en contexte communautaire ou spécialisé (parents toxicomanes et en cours de traitement).

Discussion

L'incorporation de programmes de compétences familiales oeuvrant dans le domaine de la protection des mineurs devrait être une exigence primordiale par rapport à la fonction protectrice de ces services, ceci en raison du fait que les interventions basées sur le traitement posent des difficultés diverses qui limitent leur efficacité. Un des facteurs les plus importants à ce propos est la synchronisation nécessaire entre le temps utilisé pour le traitement familial et le temps propre à l'évolution de l'enfant. Il serait souhaitable que ceux-ci ne soient pas asynchrones car il se produit fréquemment une situation paradoxale dans le fait que lorsque les parents ont terminé le traitement, les enfants présentent déjà des problématiques différentes de celles existant au début du traitement, ce qui implique une situation nouvelle qui s'accompagne d'une perte d'efficacité du traitement. Dans les cas où il existe, en plus, une séparation entre parents et enfants, cet effet se trouve accru. Nous pensons que l'incorporation structurelle de programmes de compétence familiale dans les interventions concernant les différentes types de cas énoncés dans cet article réduit considérablement le temps nécessaire pour générer des changements significatifs dans les processus d'amélioration concernant l'implication familiale, la communication familiale, les relations parents-enfants, l'organisation familiale, la cohésion familiale ainsi que les habiletés parentales (exercice du rôle de père ou de mère, amélioration de l'activité et de la supervision parentales). Tous ces facteurs sont d'une grande importance pour éviter la séparation de l'enfant au motif de négligence familiale ou mauvaises pratiques éducatives. Par ailleurs, l'amélioration des aspects liés au comportement des enfants (diminution de l'agressivité et des comportements disruptifs, réduction des symptômes dépressifs, amélioration de la capacité de concentration) et à leur compétence sociale (amélioration concernant les habiletés sociales, les habiletés adaptatives ainsi que les connaissances sociales des enfants) sont des facteurs qui, lorsqu'ils interagissent de manière synchronisée avec les avancées de leurs parents, accroissent de façon notoire l'efficacité du programme en contribuant à la réduction du risque d'éloignement de l'enfant de son milieu familial ou en augmentant les possibilités de réunification familiale et de non rechute dans la même problématique. L'incorporation de ces programmes dans les plans d'intervention ponctuels des services sociaux de protection des mineurs améliorerait de façon sensible leur efficacité, bien que la façon dont cela pourrait se faire est une question qui, en Espagne, dépend de l'idiosyncrasie et des circonstances de chacun de ces services.

Références bibliographiques

Ayuntamiento de Madrid (2008). *Manual de intervención de los Servicios Sociales del Ayuntamiento de Madrid para la protección de menores.* Madrid, Espagne: Ayuntamiento de Madrid.

Bartau, I. y de la Caba, M. A. (2009). Una Experiencia de Mejora de las Habilidades para la Parentalidad y el Desarrollo Sociopersonal de los Menores en Contextos de Desprotección Social. *Intervención Psicosocial, 18, 2,* 135-151.

Brook, J., McDonald, T. P., Yan, Y. (2012). An analysis of the impact of the Strengthening Families Program on family reunification in child welfare. *Children and Youth Services Review, 34,* 691-695.

Geeraert, L., Noorgate, W. V., Grietens, H. y Onghena, P. (2004). The Effects of Early Prevention Programs for Families with Young Children at Risk for Physical Child Abuse and Neglect: A Meta-Analysis. *Child Maltreat.* 9: 277- 291.

Gershater-Molko, Lutzker, y Sherman (2002). Intervention in child neglect: An applied behavioral perspective. Aggression *and Violent Behavior.* 7(2). 103- 124.

GIFES (2008). *Manual de implementación del programa de competencia familiar.* UIB. Palma de Mallorca, Spain: UIB.

Herbert, (2000). Parenting skills interventions. In P. Reder. M. McClure. y A. Jolley (Eds.). *Family matters: Interfaces between child and adult mental Health.* (237-256). New York: Routledge.

Kumpfer, K., Orte, C., March, M.X., Ballester, L., Touza, C., Fernández, C., Oliver, J.L., Fernández, M.C., Mestre, L. (2005). *Programa de Competencia Familiar. Manual de Implementación del Formador y de la Formadora.* Palma: UIB.

Kumpfer, K., Orte, C., March, M.X., Ballester, L., Touza, C., Fernández, C., Oliver, J.L., Fernández, M.C., Mestre, L. (2005). *Programa de Competencia Familiar. Manual del Programa de Competencia Parental.* Palma: UIB.

Kumpfer, K., Orte, C., March, M.X., Ballester, L., Touza, C., Fernández, C., Oliver, J.L., Fernández, M.C., Mestre, L. (2005). *Programa de Competencia Familiar. Manual del Programa de Habilidades Sociales de los Hijos e Hijas.* Palma: UIB.

Kumpfer, K., Orte, C., March, M.X., Ballester, L., Touza, C., Fernández, C., Oliver, J.L., Fernández, M.C., Mestre, L. (2005). *Programa de Competencia Familiar. Manual del Programa para Mejorar las Relaciones Familiares.* Palma: UIB.

Letarte, M J, Normandeau, S y Allard, J (2010). Effectiveness of a parent training program "Incredible Years" in a child protection service. *Child Abuse and Neglect 34;* 253–261.

Lundahl, B: W:, Nimer, J y Parsons, B. (2006). Preventing Child Abuse: A Meta- Analisys of Parent Training Programs. *Research on Social Work Practice, 16;* 251-261.

MacLeod, J y Nelson, G. (2000). Programs for the promotion of family wellness and the prevention of child maltreatment: a meta-analytic review. *Child Abuse and Neglect, 24, 9;* 1127-1149.

Miller, T. y Hendrie, D. (2008). *Substance Abuse Prevention Dollars and Cents: A Cost-Benefit Analysis,* DHHS Pub. No. (SMA) 07-4298. Rockville, MD: Center for Substance Abuse Prevention, Substance Abuse and Mental Health Services Administration.

Observatorio de la infancia (2011). *Boletín de Datos Estadísticos de Medidas de Protección a la Infancia. (Datos 2009).* Madrid, Spain: Dirección General de Política Social, de las Familias y de la Infancia.

Oliver, J. L. (2002). La formación del trabajador social desde la óptica educativa. En Ortega, J. (2002). Nuevos retos de la Pedagogía Social: la formación del profesorado. Sociedad Ibérica de Pedagogía Social. Salamanca, Spain: SIPS.

Orte, C., March, M.X., Ballester, L., Oliver, J.L., Pascual, B., Fernández, C., Kumpher, K. (en preparación). Adaptation of the application of the Family Competence Program to several high-risk groups" (Spanish adaptation of theStrengthening Families Program). European Journal of Developmental Psychology.).

Orte, C. y GIFES (March, M.X.; Ballester, L.; Oliver, J.L.; Pascual, B.; Fernández, C. (2010). Prevención familiar del consumo de drogas y de otras conductas problema en los hijos e hijas. Resultados de la aplicación del programa de competencia familiar en siete centros de la Asociación Proyecto Hombre. *Proyecto. Revista de la Confederación Proyecto Hombre*, 18-25. Disponible en Internet en: http://www.proyectohombre.es .

Orte, C. y GIFES (March, M.X.; Ballester, L.; Oliver, J.L.; Pascual, B.; Vives, M.; Fernández, C.). (2009). Fortalecer a la familia para prevenir el consumo de drogas. La aplicación en España del Strengthening Families

Program (SFP). *Proyecto. Revista de la Confederación Proyecto Hombre,* 26-30. Disponible en Internet en: http://www.proyectohombre.es.

Orte, C. et al. (2012). Aspectos clave en la adaptación de programas de prevención eficaces basados en la investigación: el programa de competencia familiar. Comunicación presentada al XXV Seminario Interuniversitario de Pedagogía Social, SIPS. Toledo, Spain. 29-30 noviembre de 2012.

Orte, C., March, M., Oliver, J. L. y Ballester, L., (2012). Factores clave de los programas eficaces para el trabajo socioeducativo con familias en servicios sociales. Póster presentado en las IV Jornadas sobre Parentalidad Positiva. Ministerio de Sanidad, Servicios Sociales e Igualdad. Madrid, Spain, 9-10 octubre 2012.

Pentz, M. A. (1998). Costs, benefits, and cost-effectiveness of comprehensive drug abuse prevention. En: Bukoski, W.J., y Evans, R.I., eds. *Cost-Benefit/Cost-Effectiveness Research of Drug Abuse Prevention: Implicationsfor Programming and Policy.* NIDA Research Monograph, 176. Washington,DC: U.S. Government Printing Office.

Pinkston y Smith, (1998). Contribution of parent training to child welfare. Early history and current thoughts. In J. Lutzker (Ed.), *Handbook of child abuse research and* treatment (pp. 377-399). New York: Plenum Press.

Testa. M. F., y Smith, B. (2009). Prevention and drug treatment. *The Future of Children. 19(2),*147-168.

Weekerle y Wolfe (1993). Prevention of child physical abuse and neglect: Promising new directions. *Clinical Psychology Review.* 13, 501-540.

5. LE TRANSFERT DE LA RECHERCHE PAR LE BIAIS DU PROGRAMME DE COMPÉTENCES FAMILIALES

March, M., Orte, C; Ballester, L., Vives, M.;

Contexte et état de la question

Le programme de compétences familiales (PCF) est centré sur la famille et structuré en 14 sessions hebdomadaires. Son objectif est d'associer l'application de trois programmes, dont deux d'entre eux de façon simultanée : le programme de formation de compétences des parents et celui de formation des compétences des enfants. Une séance de formation familiale a lieu après les séances individuelles. Les professionnels qui participent au PCF reçoivent une formation préalable à l'application du programme. Cette formation a pour objectif de mettre à la portée des professionnels les connaissances et les stratégies spécifiques de l'intervention familiale par le biais du PCF. Elle est constituée d'un cours théorique et pratique, d'une durée de 25 heures, quelques jours avant le commencement de chaque programme. Les objectifs de cette formation initiale sont les suivants : apporter les compétences nécessaires aux participants pour l'application et l'évaluation du PCF, familiariser les participants avec la gestion des ressources matérielles spécifiques du programme, et développer des outils de travail avec des groupes de familles.

TABLEAU 1. Cours de formation réalisés

Centre de soins aux personnes en situation de toxicomanie

2005-06	COURS Projet Homme (1) Palma (2 applications)
2006-07	COURS Projet Homme (2) Barcelone
2008-09	COURS Projet Homme Espagne (3) Madrid

2009-10	CAD Ponferrada
2010-11	CAD El Bierzo

Centres de services sociaux et de protection des mineurs

2006-07	COURS Services sociaux (1). Projet Riba. Quartier La Soledad (Palma)
2008-09	COURS Services sociaux (2). Services sociaux (Palma — 3 applications —), Manacor, Inca, Felanitx, Mancomunitat Pla de Mallorca, Son Servera, Maó, Ibiza).
2009-10	COURS Services sociaux (3) (Alcúdia, Capdepera, Sant Llorenç des Cardassar, Son Servera, Felanitx, Santa Margalida, Ibiza, Sant Josep, Mancomunitat del Pla, Mancomunitat del Raiguer) SÉMINAIRE de formation et de suivi. Centre de protection des mineurs
2010-11	COURS Services sociaux (4) (Alcúdia, Capdepera, Sant Llorenç des Cardassar, Son Servera, Felanitx, Sóller, Santa Eulàlia del Riu, Formentera, Ibiza) SÉMINAIRE de formation et de suivi. Centre de protection des mineurs

Les formateurs et coordinateurs du PCF sont des professionnels, principalement des éducateurs sociaux, des travailleurs sociaux, des pédagogues ou des psychologues, travaillant au sein de services sociaux ou de services spécialisés, et ayant de l'expérience dans le travail avec des groupes. Chaque équipe d'application est constituée de deux coordinateurs (un du centre responsable et un de l'équipe GIFES), et de 8 formateurs (4 titulaires et 4 remplaçants). Les coordinateurs sont chargés, entre autres, d'implanter le programme dans le centre correspondant, de choisir les familles, de préparer les endroits où l'application sera réalisée, et de garantir que les familles suivent bien le programme. Les formateurs appliquent les contenus du programme, grâce à la préparation et à la réalisation de séances avec les parents, les enfants et les familles pendant 14 semaines.

Un ensemble de 450 familles (219 en 2010 et 237 en 2011) ont participé à la mise en place du PCF en 2010 et 2011, dans des centres de services sociaux de communes des îles Baléares, dans le cadre d'une action financée par le département d'affaires sociales du gouvernement autonome des îles Baléares. Parmi les 85 professionnels impliqués dans ces actions de formation, 66 d'entre eux ont participé à une évaluation réalisée dans le cadre d'une étude (31 pour le programme de 2010 et 35 pour celui de 2011), ce qui représente 77,65 % du total de la population théorique. 14 d'entre eux étaient des coordinateurs et 52 étaient des formateurs. La plupart des professionnels qui ont participé à l'étude étaient des femmes (81,8 %), âgées de 33,62 ans en moyenne (déviation typique de 8,54). Tous les participants sont des diplômés universitaires, principalement des éducateurs sociaux (48,4 %), des travailleurs sociaux (23,4 %) et des psychologues (12,5 %).

Présentation et analyse des thèmes et des contenus du programme

L'évaluation finale réalisée par les professionnels chargés de mettre en place et de coordonner le programme de services sociaux valorise positivement aussi bien des aspects concernant leur formation et leurs compétences professionnelles que des bénéfices que le programme leur a apporté. Les formateurs apprécient principalement, dans le cadre de leur expérience du PCF, l'accès à des connaissances sur des techniques éducatives concrètes (60,8 %), ainsi que l'apprentissage de compétences pour la gestion de groupes (56,9 %). Pour leur part, les coordinateurs apprécient les connaissances acquises sur des techniques éducatives concrètes (71,4 %) ainsi que l'incorporation de certaines techniques du programme dans leur activité éducative (71,4 %). La contribution professionnelle et personnelle du PCF à l'expérience des formateurs est évidente. Un tiers des participants considère que le programme leur a apporté une expérience professionnelle, et un sixième indique que le programme les a enrichis d'un point de vue personnel. En outre, 72 % des formateurs qui considèrent avoir réalisé les tâches avec succès valorisent de façon positive le programme en tant qu'expérience professionnelle.

En général, les formateurs considèrent qu'il s'agit d'un « outil clair, concret, pratique, exactement ce dont ces familles ont besoin » (MB). « On tisse une relation spéciale avec chaque famille, aussi bien avec les pères et les mères qu'avec les fils et les filles ». « J'ai été surpris par l'attachement qui a surgi, aussi bien entre les parents et les enfants que parmi les professionnels chargés de la mise en place du programme » (MBS). Ils définissent l'expérience comme « réconfortante, satisfaisante, gratifiante » (AO) et apprécient le fait de travailler simultanément avec les enfants et les parents. Les coordinateurs considèrent également l'expérience comme positive, même s'ils sont plus critiques concernant les besoins préalables des familles : « le seul inconvénient d'appliquer cette technique à des familles issues des services sociaux est que celles-ci ne disposent souvent pas des capacités pour profiter de toutes les ressources d'un outil de ces dimensions » (XB). Ils sont également soucieux de la nécessité d'améliorer des aspects tels que le suivi ultérieur : « Les familles issues des services sociaux tirent beaucoup d'avantages de ce type de programme si un suivi est ensuite mis en place par un professionnel des services sociaux, puisque le programme en soi n'est pas suffisant » (XB).

Le manque de ressources dans le contexte familial nous fait réfléchir sur la faisabilité de l'application de programmes de formation en compétences parentales dans les familles dont les besoins requièrent des programmes de soutien pas seulement éducatifs (Orte et al., 2007a, 2007b). Concernant cet aspect, l'application du programme aux États-Unis dans le domaine des services sociaux est fondée sur les recommandations de la Substance Abuse and Mental Health Administration (SAMHA, 2000) à partir de l'analyse de résultats des composants les plus importants des programmes de prévention efficace, répertoriés par ce même organisme.

- Réaliser des activités structurelles visant à renforcer les relations, préalablement à l'application du programme.
- Incorporer les programmes aux réseaux déjà existants.
- Prendre en compte les besoins de la population concernée par le programme, en organisant des activités complémentaires.
- Adapter les services à l'évolution des besoins de la population cible.
- Remédier aux points faibles des parents.
- Planifier des événements sociaux, culturels et de loisirs favorisant une meilleure interaction parents-enfants. Impliquer la communauté dans les efforts de changement : adopter des stratégies visant à favoriser le changement dans différents contextes

Dans ce sens, le PCF a des effets sur la population en raison des facilités fournies aux familles : horaires, aide pour la garde des enfants plus petits et atmosphère familiale et détendue des séances. La conciliation des horaires des professionnels et des familles est un aspect qui complique la mise en place d'initiatives similaires dans les services sociaux.

Le programme est réalisé dans des horaires permettant la disponibilité des familles : une fois par semaine, le vendredi après-midi ou le samedi matin. Des services de soutien comme la garde des enfants plus petits ou des aides au transport ont été proposés. Dans tous les domaines d'application, il convient de souligner le pourcentage élevé d'assistance aux séances. Compte tenu que la durée du programme dépasse les trois mois, et que celui-ci est parfois interrompu par des périodes de vacances, ces données sont tout à fait positives. Le degré de participation, d'attention, d'intérêt et de motivation se maintient au fil des séances, malgré certaines fluctuations inhérentes à l'implication dans des activités qui requièrent des efforts continus. Le programme tient compte de ces variations de motivation et d'intérêt des familles, et prévoit des outils favorisant la motivation, en complément du travail des professionnels et des services de soutien.

Conclusions et propositions

L'application du PCF dans les centres de services sociaux a permis l'expérimentation de nouveaux espaces de formation dont les effets peuvent être d'ordre différent. En premier lieu, les parents ont pu bénéficier d'un outil de formation continue auquel ils n'accéderaient pas s'il ne s'agissait pas d'un service adapté à leurs besoins. Le degré de participation de ces familles à des réunions de parents d'élèves, et à d'autres activités de formation dans le cadre de l'enseignement, montre l'éloignement généralement existant entre l'école et les familles ayant de grandes difficultés sociales et familiales.

En deuxième lieu, l'introduction de dynamiques innovantes dans les centres de soins, et le soutien en matière de formation et d'accompagnement aux professionnels des services sociaux implique une mise à profit des ressources déjà existantes. Dans ce sens, les coordinateurs affirment qu'ils disposent des capacités d'organisation et des compétences nécessaires pour mettre en place des initiatives telles que le PCF. La reconnaissance du potentiel de formation déjà existant est un élément qui permet la continuité d'initiatives de formation avec les familles. De plus, des actions de formation telles que le PCF favorisent des dynamiques de travail qui permettent d'améliorer la connaissance mutuelle et d'augmenter la proximité entre les professionnels et les utilisateurs de services sociaux ; les formateurs indiquent que l'accessibilité du service a augmenté. Selon les formateurs, le PCF a facilité une reconnaissance du travail des services

sociaux et une perception de ceux-ci en tant qu'espace favorisant plus le soutien que le contrôle. Le commentaire ci-dessous montre bien cet aspect :
AL : « Je pense que la relation des familles avec les services sociaux s'est améliorée. Je considère qu'après cette expérience, les familles commencent à considérer les services sociaux d'une autre façon, et ne pensent plus qu'ils sont des personnes qui veulent s'immiscer dans les familles ».

En troisième lieu, les espaces informels créés autour des sessions de formation à proprement parler, constituent un endroit privilégié, non seulement pour la communication entre les familles et l'accompagnement des professionnels, mais aussi pour le soutien mutuel et le bien-être des familles par leur propre initiative. Au cours de l'expérience, les équipes de professionnels constatent généralement qu'après une première phase de difficultés et d'efforts, l'obtention d'un bon climat de travail et de bien être aussi bien des familles que des professionnels, favorise la mise en place de changements.

CT : « C'est un programme qui m'a beaucoup surpris, au début je ne pensais pas pouvoir obtenir d'aussi bons résultats, et dans les deux éditions que j'ai coordonné cela a été une expérience très bonne et très positive dans tous les aspects. Il est vrai que les débuts sont difficiles, et il y a beaucoup de travail à faire, mais lorsqu'on voit les familles qui participent tellement et l'équipe qui apprécie son travail, c'est un plaisir ».

Concernant les effets sur les équipes professionnelles des services médicaux généralistes, la formation reçue de la part des éducateurs et des professionnels en général supposent non seulement un rapprochement avec l'université mais aussi la spécialisation de la formation des professionnels et, fondamentalement, un rapprochement avec des programmes fondés sur la recherche. La connaissance de techniques éducatives concrètes et l'apprentissage de compétences pour la gestion de groupes sont les aspects les plus appréciés par les formateurs et les coordinateurs du PCF. La création de ces espaces de partenariat institutionnel peut aider à changer la perception existante entre l'« intervention » et la « recherche » socio-éducative. La collaboration étroite entre des personnes issues aussi bien du domaine académique que professionnel permet non seulement le rapprochement de la part de l'université à la réalité professionnelle mais aussi un rapprochement des équipes participantes (formateurs, coordinateur, etc.) au projet de recherche.

L'obtention de résultats positifs validés dans les communes où le programme a été appliqué (dans différents endroits d'Espagne, auprès de différents services et de différents types de familles en situation de difficultés sociales), la mise en marche du PCF de la part du groupe de chercheurs de l'université des îles Baléares a supposé un précédent, compte tenu du réseau de professionnels qui a bénéficié d'une formation et qui a participé activement au programme. Nous pouvons affirmer que ce réseau apporte une valeur ajoutée aux ressources inhérentes aux services sociaux et spécifiques : la formation et l'expérience ont des effets positifs sur les équipes et les projets auxquels ils participent tous les ans.

Les formateurs ayant participé aux programmes de 2010 et 2011 affirment que l'expérience du PCF leur a apporté des connaissances en matière de techniques éducatives concrètes (60,8 %) et des compétences de gestion de groupes (56,9 %). Les connaissances sur des techniques éducatives concrètes (71,4 %) et l'incorporation de certaines techniques dans l'activité éducative habituelle (71,4 %) sont les éléments qui ont le plus enrichi l'expérience des coordinateurs.

Concernant les connaissances générées, outre la création du précédent qu'a supposé la mise en marche du PCF, et compte tenu des cours réalisés (de troisième cycle, ainsi que des séminaires et des actions de formation spécifique) de la part des membres de l'équipe GIFES, abordant de façon directe ou indirecte des méthodologies et des programmes fondés sur la recherche, il est possible d'évaluer le degré de transfert atteint et la rétro-alimentation constante entre les actions d'enseignement et de recherche.

Compte tenu des recherches accumulées pendant presque 10 ans et en fonction des différents niveaux abordés, nous pouvons affirmer que la participation au processus de recherche et de formation (la formation d'études supérieures de professionnels dans la pratique à partir de l'application et de leur implication dans l'exécution d'un programme validé par la même équipe, son soutien tout le long du processus, etc.) a des implications très importantes dans la relation de professionnels à partir de résultats objectivables et également dans les relations avec les groupes de populations concernées. Grâce à tous les agents impliqués dans le projet, l'université et ses professeurs-chercheurs dans le domaine de la pédagogie sociale sont considérés comme ayant un rôle positif dans l'amélioration de la qualité de vie.

Références bibliographiques

Orte, C.; Touza, C.; Ballester, L.; March, M. (2008). Children of drug-dependent parents: prevention programme outcomes. Educational Research. 50, pp. 249 - 260.2008. Disponible en Internet en: http://www.informaworld.com

Orte, C. y GIFES (March, M.X.; Ballester, L.; Oliver, J.L.; Pascual, B.; Vives, M.; Fernández, C.). (2009). Fortalecer a la familia para prevenir el consumo de drogas. La aplicación en España del Strengthening Families

Program (SFP). Proyecto. Revista de la Confederación Proyecto Hombre .pp. 26 - 30.(España): 2009.Disponible à Internet en: http://www.proyectohombre.es

Orte, C. y GIFES (March, M.X.; Ballester, L.; Oliver, J.L.; Pascual, B.; Fernández, C.) (2010). Prevención familiar del consumo de drogas y de otras conductas problema en los hijos e hijas. Resultados de la aplicación del programa de competencia familiar en siete centros de la Asociación Proyecto Hombre. Proyecto. Revista de la Confederación Proyecto Hombre, pp. 18 - 25. Disponible à Internet en: http://www.proyectohombre.es

Orte, C.; Pascual, B.; Fernández, C. (2007a). Los programas de competencias familiares; una reflexión en clave sociológica. Educación social, animación sociocultural y desarrollo comunitario. II,pp. 1087 - 1098. (España).

Orte, M.C.; Fernández, C.; Pascual, B.; (2007b). La implicación de los agentes sociales en los programas de intervención socioeducativa con familias. Educación social, animación sociocultural y desarrollo comunitario.2, pp. 1075 - 1086. Ourense: SIPS.

SAMHSA (2002) *Substance abuse and mental health services administration*
http://nrepp.samhsa.gov/programfulldetails.asp?PROGRAM_ID=211

Oui, je veux morebooks!

I want morebooks!

Buy your books fast and straightforward online - at one of the world's fastest growing online book stores! Environmentally sound due to Print-on-Demand technologies.

Buy your books online at
www.get-morebooks.com

Achetez vos livres en ligne, vite et bien, sur l'une des librairies en ligne les plus performantes au monde!
En protégeant nos ressources et notre environnement grâce à l'impression à la demande.

La librairie en ligne pour acheter plus vite
www.morebooks.fr

OmniScriptum Marketing DEU GmbH
Heinrich-Böcking-Str. 6-8
D - 66121 Saarbrücken
Telefax: +49 681 93 81 567-9

info@omniscriptum.com
www.omniscriptum.com

www.ingramcontent.com/pod-product-compliance
Lightning Source LLC
Chambersburg PA
CBHW021847220426
43663CB00005B/435